전세지옥

전세지옥

91년생 청년의
전세 사기 일지

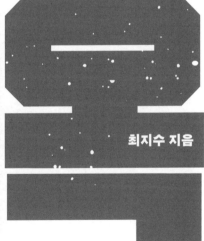

최지수 지음

세종

✕

스스로 세상을 등진
전세 사기 피해자분들의
명복을 빕니다

추천사

2022년 전후로 끔찍하고 괴이한 재난이 동시다발적으로 일어났는데, 우리는 이를 흔히 '빌라 왕 사태'라고 부른다. '빌라 왕'이라지만 다세대주택, 오피스텔, 아파트까지 건물 유형을 가리지 않은 재난이었다.

사기범들이 악랄한 작전을 짰고, 거기에 주로 청년들이 희생됐다. 그런데 우리는 범인들을 잡아 처벌하기는커녕 아직 그 전모를 다 파악하지조차 못한 상태다. 다만 '전세 제도'가 제도가 아님을, 그리고 한국 사회의 진짜 제도들은 약자 보호에 매우 무심하다는 사실을 많은 이들이 알게 되었다.

여기, 한 청년의 절절한 원고가 있다. 이 책은 우선 전세 사기라는 사회적 재난이 어떻게 발생했고 피해자들은 어떻게 거기에 휘말렸는지 말하는 충실한 르포르타주다. 한국 사회가 이 재난을 예견하거나 피해자들을 구하는 데 얼마나 서툴렀는지 보여주는 아픈 고발문이기도 하다.

동시에, 빈곤과 좌절 속에서 한 사람이 어떻게 뒤틀리고 자신의 나약함을 맞닥뜨리게 되는지를 처절할 정도로 솔직하게 드러내는 용기 있는 에세이다. 그런 상황에서도 스스로를 구하려 애쓰고, 피해자로만 남아 있지 않겠다고 결의하는 젊은 영혼의 감동적인 투쟁 기록이다.

임대인이든 임차인이든
자기 소유의 주택에 살든 그렇지 않든 상관없이
많은 분들이 이 책을 읽으면 좋겠다.
한국 현실에 문제의식과 책임감을 지니고
자신과 사회를 더 낫게 만들고 싶다는 꿈이 있는 분들께
큰 용기를 선사할 책이다.

장강명 · 소설가

✕

나는 힘든 일이 생기면 외면하고 떠올리지 않으려 하는 성향이 있다. 하지만 지난 2년 3개월은 그럴 수가 없었다. 세상이 나에게 부여한 새로운 정체성인 '전세 사기 피해자'에서 하루라도 빨리 벗어나야 했기 때문이다. 그러기 위해서는 내 앞에 벌어진 모든 일을 똑바로 마주하고 내 손으로 직접 해결해야 했다.

어린 시절 상상했던 나의 서른둘은 지금과 같은 모습이 아니었다. 아니, 어린 시절까지 갈 것도 없다. 천안에서 회사를 다니던 몇 년 전만 해도, 서른둘의 나는 조종사 훈련을 받고 있어야 했다.

앞부분 몇 꼭지를 쓰기까지 한 달이 걸렸다. 잠시라도 잊고 싶어 애써 묻어두었던 기억을 그저 떠올리기까지도 오랜 시간이 걸렸다. 그 순간을 회상하면 할수록 당시 내 앞에 펼쳐졌던 상황들, 귓가에 들리던 말들이 선명하게 떠올랐다. 그때 느꼈던 분노와 슬픔, 아픔과 무기력, 막막함과 두려움이 또다시 밀려왔고 우울 증상이 심해졌다. 기억을 떠올리면서 그리고 글을 쓰면서 수없이 울고 좌절했다. 지난 2년 3개월 동안 나는 아주 쉽게 무너지는 사람으로 서서히 변해갔다.

사거리 건널목에 멍하니 서 있다가 신호를 놓치는 사소한 일로도 나는 스스로를 책망했다. 어디서부터 잘못되었을까, 한참을 생각하다 좌절하고 우울해진다. 사거리에 설치된 네 개의 신호등에 차례차례 파란불이 들어왔다가 다시 빨간불로 바뀌는 동안, 나는 모든 문제의 원인을 나의 부주의함과 무지함에서 찾는다. 며칠 동안 초인적인 힘을 발휘해 겨우 붙잡은 멘탈과 내일에 대한 의지도 어느새 연기처럼 사라진다. 내 앞에는 파란불이 들어왔는데 내 발은 좀체 앞으로 나아갈 힘을 내지 못한다. 정신이 무너지니 몸도 같이 망가졌다. 코로나 백신을 맞고 사경을 헤맬 정도였다. 이즈음 내가 느낄 수 있는 감정은 넘어진 채 좌절해 있거나 화를 내는 것뿐이었다.

전세 사기, 깡통 전세의 희생자가 된 다른 분들 상당수가 나와 비슷하거나 더 힘든 시간을 보내고 있을 것이다. 우리가 열심히 살아온 모든 시간과 계획과 생각 대부분이 '전세 사기' 네

글자에 잠식당했다. 그래도 감히 소망한다. 나와 비슷한 처지에 놓인 분들이 조금이라도 힘을 내서 잘 이겨내기를 바란다고. 우리가 더 열심히 살아서 언젠가는 지금의 고통이 무덤덤해지는 날이 오기를 바란다고.

그동안의 일기를 기반으로 이 책을 썼다. 나는 월세 30만 원을 아끼고 싶어서, 얼른 종잣돈을 만들고 싶어서, 하루빨리 꿈을 이루고 싶어서 29세에 생애 첫 대출을 받아 전셋집을 마련한 평범한 직장인에 불과하다. 부동산 전문가가 아니어서 혹시 이 책을 통해 전세 사기를 피하는 법, 전세 사기를 당했을 때 피해를 최소화하는 법과 같은 실용적인 정보를 얻고자 한다면 실망할지도 모른다. 집이 경매에 넘어갔다는 사실을 알아차린 날부터 사방팔방으로 쫓아다니며 내가 무엇을 해야 하는지 알아보았지만, 정부도 천안시청도 주택도시보증공사도 경찰서도 부동산 사장도 답을 주지 않았다.

대신 이 책에는 무려 50년간 대한민국 부동산 시장의 한 축을 담당해온 전세 제도가 왜 이렇게 허술한지, 왜 가해자들은 첫값대로 처벌받지 않는지, 왜 유독 사기 피해자에게는 조롱과 비난이 쏟아지는지를 일련의 사태를 직접 겪은 당사자로서 생생하게 기록하려 했다.

세상 누구도 처음부터 전세 사기 피해자가 될 운명을 안고 태어나지 않았듯, 나에게도 보통의 삶이 있었다. 2021년 7월 5일 이전으로 돌아갈 수 있을지, 솔직히 아직은 모르겠다. 다만 한 가지 확실한 것은, 내 삶이 전세 사기 피해자로 끝나도록 내 인생을 방치하지 않을 것이라는 점이다.

지금 이 시간에도 나와 같은 고통에 시달리는 모든 경제범죄 피해자분들에게 응원과 위로를 건네고 싶다. 절대 우리 잘못이 아니라고, 그러니 좌절하지 말고, 포기하지 말자고. 절대 죽지 말자고. 이런 일로 세상을 등지기엔, 우리의 인생이 너무나 소중하다고 말이다.

차례

추천사   06

시작하며   08

01 ✕   내 앞에 지옥문이 열린 줄도 모르고   17

02 ✕   어쩌다 나는 천안까지 갔을까   23

03 ✕   가진 것도 없으면서 전세를 얻은 이유   26

04 ✕   바퀴벌레, 녹물, 매연 냄새 없는 집을 찾아서   29

05 ✕   리첸스 1004호를 만나고   34

06 ✕   나의 살던 고향은 대치동 빨간 벽돌 빌라촌   44

07 ✕   전세로 사는 행복   48

08 ✕   회사란 원래 이런 곳일까   51

09 ✕   회사 밖은 지옥이라고요? 회사가 이미 지옥인데요   56

10 ✕   원래 내 꿈이 뭐였더라   62

II　✕　내 인생을 살리러 온 나의 구원자, GYC　67

I2　✕　부동산 사장님, 나한테 왜 이러세요　70

I3　✕　아무튼, 퇴사　76

I4　✕　태어나 처음으로 정신건강의학과를 찾았다　79

I5　✕　경매는 경매, 교육은 교육　84

I6　✕　헝가리에서도 세입자는 을이더라　9I

I7　✕　매달 300만 원을 갚아야 하는 빚쟁이가 되다　95

I8　✕　헝가리에서 서서히 망가지다　IOI

I9　✕　효도 여행이라 쓰고 현대판 고려장이라 읽는다　IO7

20　✕　리첸스 1004호, 다시 찾은 지옥의 문　III

2I　✕　아무리 좋은 음식이라도 손님이 남긴 것은 먹지 말 것　II7

22　✕　집이 낙찰되었다　I2I

23　✕　나의 건물주가 자살해주기를　I27

24　✕　집주인 얼굴을 떠올리며 생선 대가리를 내리쳤다　I32

25　✕　낙찰자님, 한 번만 사정을 봐주시면 안 될까요　I36

26 ✕ 탈피기보다 무서운 은행 빚 142

27 ✕ 고소, 그리고 MBC 인터뷰 146

28 ✕ 죽지 말아요, 우리 151

29 ✕ 빚이 있다고 인생이 끝나는 건 아니니까 155

30 ✕ 지금은 신라면도 사치다 159

31 ✕ 엄마, 용돈 좀 보내주세요 163

32 ✕ 낙찰자가 새로운 집주인이 되었다 166

33 ✕ 피해자를 적대세력이라 부르는 나라 172

34 ✕ 긴급 지원 정책이 발표되었다 177

35 ✕ 서류 지옥이 이런 것일까 181

36 ✕ 긴급생계지원금과 신라면 스무 개 185

37 ✕ 나라는, 거대한 시한폭탄 191

38 ✕ 나는 대한민국의 정글피시 194

39 ✕ 특별법이 만들어졌지만 198

40 ✕ 5,800만 원짜리 쓰디쓴 교훈 202

41 ✕ 대치동의 불량품 207

42 ✕ 우리는 왜 이렇게 사기를 잘 당할까 210

43 ✕ 불행은 밀물처럼 끝도 없이 밀려와 214

44 ✕ 스스로를 고립시키는 사람들을 나는 이해할 수 있다 221

45 ✕ 사기를 당했다고 꿈마저 포기할 수는 없다 225

46 ✕ 어른이 되어 다시 읽는 《노인과 바다》 231

47 ✕ 불에 타 죽든 바다에 빠져 죽든 234

48 ✕ 저, 원양상선을 타겠습니다 239

49 ✕ 선박조리사 교육장에서 243

50 ✕ 경매 현장에 참석했다 247

51 ✕ 미련함의 다른 말은 간절함이다 252

마무리하며 256

�
�
�

01

내
앞
에

지
옥
문
이

열
린

줄
도

모
르
고

2021년 7월 5일 월요일.

아침부터 날씨가 우중충했다. 구름인지 미세먼지인지 모를 뭔
가가 하늘을 온통 뒤덮고 있었다. 피부가 타들어가는 듯한 볼볕
더위는 주춤했지만, 대신 서울 전체가 거대한 사우나가 된 것
같았다.

옷장에 먼지 쌓인 채 걸려 있는 은은한 남색 맞춤 정장을 꺼
내 입고 수제 구두로 구색을 맞춘 다음, 온몸에 쩍쩍 달라붙는
습도를 느끼며 한국외대로 향했다.

이날은 청년들의 해외 취업을 지원해주는 GYC_{Global Young} Challenger 면접날이었다. 당시 나는 천안에서 회사를 다니고 있었다. 지옥 같은 회사를 벗어나기 위해, 그리고 해외 취업이라는 새로운 도전의 첫 번째 문을 열기 위해 혼신의 노력을 기울였다. 그 결과 몇 달간 머리숱의 15퍼센트 정도를 떠나보냈고 왼쪽 아래 치아가 흔들릴 지경이었다. 매일 퇴근 후 파김치처럼 늘어진 몸을 이끌고 책상 앞에 앉아 양쪽 빰을 때려가며 오픽 OPIc 성적을 받았다. 직장인이 되고 나서 상실한 인류애와 지하를 뚫은 낮은 자존감을 들키지 않으려고 두 달 동안 7킬로그램도 감량한 터였다.

면접은 그간의 노력을 인정받는 첫 번째 시험대였다. 다행히 면접 분위기가 괜찮았다. 한 면접관은 "나머지는 나중에 GYC에서 만나서 얘기합시다"라며 합격 시그널까지 주었다.

'아싸! 이 정도면 백퍼 합격이다!'

오늘은 축배를 들자. 그동안 했던 개고생을 보상받기에 충분한 날이다. 오랫동안 참았던 중국 음식과 연태고량주를 맘껏 허락해야지. 바리바리 포장한 음식을 들고 나의 사랑스런 보금자리로 향했다.

천안시 두정동에 자리한 리첸스 빌라. 나의 첫 전셋집이자 요새이며 든든한 보금자리에서, 상사에게 사직서를 어떻게 집어던질지 상상하며 오늘밤을 즐기리라.

가벼운 발걸음으로 건물 안으로 들어섰다. 모든 게 오늘 오전, 집을 나설 때의 모습과 똑같았다. 1층의 공동현관 출입구부터 닫힘 버튼만 닳은 엘리베이터, 10층 복도, 발을 옮길 때마다 머리 위에서 켜지는 자동센서 전등……. 그러다 문득 지금까지 본 적 없는 무언가를 발견했다. 10층 엘리베이터에서 제일 멀리 떨어진 1004호로 향하는 동안 지나치는 다섯 가구의 현관문에, 평소대로라면 음식점이나 헬스장에서 붙인 화려한 전단지가 가득했어야 했다. 그런데 이날은 전단지 하나 없이 각 현관문마다 흰 종이 한 장이 각을 맞춘 듯 나란히 붙어 있었다.

안내문

사건: 2021타경6036 부동산임의(강제)경매
채권자: 조○○, 소유자(채권자겸소유자) : 이○○

위 사건에 대하여 귀하가 사용(점유)하고 있는 부동산이 대전지방법원 천안지원에 경매가 신청되어 법원의 명령에 따라 대전지방법원 천안지원 소속 집행관이 부동산의 현황, 점유관계, 차입 또는 보증금의 액수, 그 밖의 현황 등을 조사하기 위해서 방문하였으나 귀하를 만나지 못하여 안내문을 드리오니 소유자 및 임차인, 점유자께서는 궁금한 사항이 있으시면 아래 연락처로 문의하여 주시기 바랍니다.
참고로 귀하가 소액 임차인 또는 확정일자를 받은 임차인일 때에는 다음 서류를 첨부하여 대전지방법원 천안지원 경매4계(041-620-3074)에 배당

요구 종기일(2021.09.23.)까지 권리신고 및 배당요구 신청서를 제출하셔야
만 법률의 규정에 따른 보호를 받으실 수 있음을 알려드립니다.

—다음—

1. 해당 부동산에 전입한 일자가 기재된 주민등록표(등)초본(주소변동사항포
   함) 1통

2. 임대차계약서(전·월세 계약서) 사본 1통
   계약서상에 확정일자를 받은 경우에는 그 확정일자가 선명하게 나오도
   록 사본하여 주시고, 상가·공장 등인 경우 관할 세무서 발행의 '상가건
   물 임대차 현황서'를 함께 첨부하여주시기 바랍니다.

3. 해당 부동산이 다가구가 거주하는 건물인 경우 건물의 내부 구조와 점
   유 부분을 표시한 도면
   도면은 면적 등이 정확히 나타날 필요는 없고, 임차인의 점유 부분을 특
   정할 수 있을 정도로 표시하면 됩니다.

대전지방법원 천안지원 집행관 사무소

'이게 뭐지?'

갑자기 등골이 서늘해지더니 이윽고 심장이 아려왔다. 설마
우리 집에도 붙어 있나? 나의 사랑스럽고 든든하고 행복한 요
새가 갑자기 낯설게 느껴졌다. 흰 안내문은 1004호 앞에도 붙
어 있었다. 10층의 어느 현관문도 예외는 없었다.

당혹스러운 마음에 후다닥 집 안으로 들어가, 책상 서랍 깊은 곳 어디쯤에 처박아둔 전세 계약서를 한참 찾았다. 밤 열 시가 넘은 늦은 시각이었지만 나에게 그런 건 중요하지 않았으므로 계약서에 기재된 건물주의 연락처로 전화를 걸었다. 생각보다 빠르게 상대방이 전화를 받았지만 내가 그동안 건물주의 연락처라고 알고 있었던 전세계약서상의 번호는 알고 보니 건물 관리소장의 번호였다.

　　전화를 받은 관리소장은 오밤중에 전화를 걸어 뭐하는 짓이냐며 건물주의 진짜 연락처를 알려주었고, 자신은 아무것도 모른다고 화를 냈다. 순간 당황했지만, 그보다는 늦은 시간에 전화를 걸어 상대방을 불편하게 했다는 미안한 마음이 좀 더 컸다. 이번에는 최대한 조심스레 진짜 건물주의 번호를 눌렀다. 진짜 건물주가 화를 내면 정중하게 사과하고 자초지종을 물을 생각이었으나, 건물주는 전화를 받지 않았다. 핸드폰을 들고 멍하니 있는 동안 음식은 식어갔고, 연태고량주는 미지근해졌다.

　　금요일에 GYC 합격 소식을 들으면 이번 주말에 집을 내놓을 생각이었다. 단 보름만 프로그램 일정이 빨랐어도 이런 안내문을 받을 일은 없지 않았을까 생각했다. 생각이 꼬리에 꼬리를 물고 뻗어나갔고 시간을 되돌릴수록 과거에 가정이 붙었다. 어느 하나만 달랐어도 천안에 취직을 하지 않았을 텐데, 취직을 하더라도 이 회사에 오진 않았을 텐데, 그럼 이 집에는 안 왔을 텐데, 이런 안내문을 받진 않았을 텐데 싶었다. A4 한 장짜리 안내문 앞에서 지금까지 살아온 시간이 스쳐갔다.

입맛이 뚝 떨어졌다. 포장해온 음식은 뜯지도 않고 연태고량 주만 쭉쭉 들이켰다. 두 달 동안 다이어트를 한 데다 하루 종일 밥 한 끼를 제대로 못 먹었더니 텅 빈 위가 불타오르는 느낌이 들었다. 내 꿈과 계획도 함께 불타올랐다. 거하게 취하고 나니 좀 전에 본 경매 통지서가 한여름 밤의 꿈처럼 아득해졌다. 자고 나면 해결돼 있겠지, 내일이면 괜찮아질 거야. 이따위 종이 한 장 때문에 내 인생에 별 문제가 생길 리 없다고 스스로를 위로했다.

하지만 다음 날에도 그다음 날에도. 내 책상 위에 놓인 경매 통지서는 내 인생에서 사라지지 않았다. 그날 이후로 2년 하고도 3개월이 더 지난 지금까지도.

02

어쩌다 나는 천안까지 갔을까

2019년 8월, 28세에 밀린 숙제를 하듯 취업 준비를 시작했다. 평소에는 자주 접속하지도 않던 학교 홈페이지에 그날따라 접속해보고 싶었다.

나는 천안으로 가게 될 운명이었을까. 공지사항에 일본 대기업의 한국 지사가 낸 채용공고가 등록돼 있었다. 4차 산업의 최전선이라 할 수 있는 반도체 제조 장비 회사였다. 연봉도 높았다. 복잡한 서울살이에 지쳐 지방으로 가고 싶던 차였는데, 이 회사는 심지어 천안에 있었다. 혹시 이 회사는 여태 나를 기다리고 있었던 걸까? 내가 원하는 조건과 모든 것이 일치했고, 그날 바로 지원서를 냈다.

취업 준비를 시작한 후 처음으로 지원한 회사였다. 그런데도 서류 전형부터 면접까지 모든 과정이 순탄했다. 내 스펙이 대단하진 않았지만, 함께 면접을 본 지원자들의 답변이 너무 형편없어서 내가 보기에도 나 아니면 뽑을 사람이 없는 듯했다. 면접장에서 나오면서 합격을 예상했다. 면접을 마친 후 친척 형을 만나러 호남고속도로를 시원하게 달리는데 마침 라디오에서 밴드 봄여름가을겨울의 〈브라보 마이 라이프〉가 흘러나왔다. 노래를 따라 부르며 한껏 기분을 냈다. 이제 몇 년 뒤면 차가 아니라 비행기를 조종하는 거다. 내 인생이야말로 진정한 브라보 마이 라이프구나.

며칠 뒤, 면접 담당자로부터 최종 합격 전화를 받았다. 그분에게 연신 고맙다고 인사를 했다. 통화를 끝내고 〈브라보 마이 라이프〉를 반복재생으로 몇 번 더 들었다. 나도 모르게 뜨거운 눈물이 흘러내렸다. 잠긴 목소리로 어머니에게 전화를 걸어 취직했다고, 더 이상 용돈을 안 주셔도 된다고, 그동안 감사했다고 말했다. 그 감동의 순간에, 어머니는 이게 다 당신이 지극정성으로 기도한 덕분이라고 하셨다. 모든 것은 주님 덕분이라는 말씀도 덧붙이셨다.

이렇게 나는, 코로나19의 여파로 취업문이 죄다 막혔던 고통의 시기에 단번에 취업하는 효자가 되었다. 그것도 취업 준비를 시작한 지 두 달 만에 말이다.

　그때 눈치 챘어야 했다. 취업이 쉬운 데는 다 이유가 있다는 사실을. 나는 마냥 행복에 취해 있었다. 장차 내 인생에 어떤 먹구름이 드리울지는 상상도 못한 채 말이다.

03

가 진 것 도 없 으 면 서

전 세 를 얻 은 이 유

나의 첫 직장은 한국에서는 중견기업으로 분류되지만 일본에서는 일단 간판상으로는 굴지의 대기업이었다. 그 대단한 회사에서 기숙사를 제공한다니 출근하기도 전부터 내심 기대가 됐다. 내가 상상한 사내 기숙사는 체육관, 헬스장, 원하는 메뉴를 골라 먹을 수 있는 푸드 코트 스타일의 구내식당이 딸린, 뉴스에서 자주 보던 국내 대기업의 신식 기숙사였다.

하지만 기숙사는 내 기대와는 정반대였다. 회사는 천안 공단 내의 오래되고 더럽고 냄새나는 일부 아파트를 매입해 직원용

기숙사로 쓰고 있었다. 입사 동기의 부모님은 이게 사람 사는 곳이냐며 절대 여기서 살지 말고 방을 얻으라고 하셨단다.

그래도 나는 기숙사를 선택했다. 가장 큰 이유는 직주근접이었다. 낡고 오래되긴 했어도 이 정도 집을 보고 곧바로 불쾌감을 느낄 만큼 내 성격이 깔끔하거나 예민한 편이 아니기도 했다. 무엇보다 월세를 아껴 고정 지출비를 줄이고 싶었다. 물론 기숙사에 바퀴벌레가 많다는 사실을 이때 알았다면, 좀 더 일찍 다른 선택을 했을 것이다.

기숙사 단지 내에는 상가, 구멍가게, 치킨집, 밥집까지 가게가 달랑 네 개뿐이었다. 기숙사가 회사 부지 안에 있으니 퇴근을 해도 퇴근한 것 같지 않았다. 아파트 입구에서 달려가면 숨을 쉬지 않고도 회사 정문에 도착할 수 있을 정도로 가까운 거리였다. 덕분에 퇴근한 뒤에도 상사들이 나를 호출해 회사로 돌아가는 일이 종종 있었다. 게임 '배틀그라운드'에서는 제한된 영역에 들어가면 가만히 있어도 저절로 피가 깎이는데 딱 그런 심정이었다. 기숙사는 내 공간인데도 내가 머물러서는 안 되는 곳에 있는 것처럼 마음과 몸이 불편했다.

나는 다행히 사원인 룸메이트와 한 방을 썼지만 선배는 팀상사와 같은 방을 배정받았다. 방 배정만 봐도 이 회사가 얼마나 배려가 없는지 알 것 같았다. 선배는 상사와 같은 방을 써도 괜찮다고 말했지만 표정은 괜찮지 않았다. 회사에서 상사와 일을 하고 퇴근 후에도 상사와 생활한다. 상사와 가끔 술을 마시는데 그 시간 내내 업무 얘기만 한다고 했다. 술값은 보통 상사가 내지만 대신 자신의 저녁 시간이 사라진다고, 매일 당직을 서는 기분이라고 했다. 입사한 지 몇 년이 지나도록 단 한 번도 기숙사에서 주말을 보낸 적이 없다고도 했다. 나라도 그랬을 것 같다. 내 술값을 내가 지불해도 상관없으니 회사 사람이 없는 곳에서 술을 마시고 싶지 않을까.

기숙사에서 사는 책임자급 상사 대다수는 신입 사원일 때 이곳에 들어와 10여 년이 넘도록 계속 이곳에서 지내고 있다고 했다. 대부분은 결혼을 하지 않고 이대로 기숙사의 괴물이 되어가는 듯했다. 지금 돌이켜보니 그곳은 마치 늪 같았다. 나는 그 늪에 빠지기 싫었다. 기숙사와 사무실만 오가며 종일 얼빠진 표정으로 키보드만 두드리는 좀비가 되고 싶지 않았다.

04

바퀴벌레, 녹물,
매연 냄새 없는 집을 찾아서

기숙사에서 사는 동안은 24시간이 고통스러웠다. 수습 기간에는 기분 전환을 위해서라도 퇴근 후 지친 몸을 이끌고 산책을 했다. 공단 주변을 걷다 보면 어느 공장에선지 종소리를 내며 노란색 연기를 방출하곤 했다. 그러면 몇 분 지나지 않아 그 일대가 노랗게 변하곤 했다. 공장 벽에는 그 연기의 성분이 무엇인지와, 그 성분이 인체에 안전하다는 내용을 담은 안내문이 붙어 있었지만 당연히 믿지 않았다.

그 연기와 공단의 화학 냄새가 처음에는 달콤하게 느껴지기도 했지만, 두 달여가 지나자 슬슬 머리가 아파오기 시작했다. 잠시 지나가는 선선한 바람을 쐬고 싶은 한여름에도, 쾌청한 가을바람이 불어올 때도, 퀘퀘한 숙소 공기를 환기하고 싶을 때도 절대 창문을 열 수 없었다.

밤이면 기숙사에 사는 동남아 근로자들이 음악을 크게 틀고 새벽까지 노래를 불렀다. 벽을 악기 삼아 두드려대는 통에 소리에 민감한 나는 귀마개를 끼고 자야 했다. 금요일과 토요일에는 소음이 더 심해졌다. 술을 얼마나 마셔대는지 나도 덩달아 인사불성이 되는 것 같았다.

수돗물을 쓸 때는 몇 초가량 물을 흘려보냈다. 파이프가 부식되어서인지 항상 누런 물이 흘러나왔다. 유럽 여행을 할 때 무려 100년이 넘은 집에서 생활한 적이 있는데, 그 집의 물이 기숙사보다 깨끗했다. 같은 부서원 스물한 명 중 열세 명이 책임급인 이 회사처럼, 기숙사에 있다가는 나 역시 썩어버린 파이프관처럼 부식될 것만 같았다. 평소 수돗물로 라면을 끓였지만 물맛이 너무 비릿해서 이곳에서는 생수로 라면을 끓일 수밖에 없었다. 양치할 때도 생수를 썼다. 샤워만큼은 어쩔 수 없이 수돗물로 했는데 가끔 세수는 생수로 했다. 마돈나는 호텔에 투숙하면 욕조에 에비앙 생수를 채워달라고 했다는 일화를 들은 적이 있는데 가끔은 내가 마돈나처럼 자기관리를 잘하는 사람이 된 듯한 기분이 들어 자신감이 높아지기도 했다.

기숙사의 단점 중 최악을 꼽자면 단연 바퀴벌레였다. 이곳에 들어오기 전까지 나는 벌레가 무섭거나 더럽다는 생각을 해본 적이 없었다.

하지만 겨울이 끝나고 봄이 다가오자 바퀴벌레가 기하급수적으로 증식했다. 겨울에는 한 달에 한 번꼴로 보이던 바퀴벌레가 날씨가 따뜻해질수록 일주일, 사흘, 하루, 매 시간, 매 분마다 보이기 시작했다. 선배들에게 물어보니 이 아파트 전체가 바퀴벌레 소굴이어서 해충 방제 업체에서도 오지 않는다고 말했다. 밤에 잠을 자다가 뭔가가 나를 스쳐 지나가는 느낌을 받을 때도 있었다. 어두워서 보이지는 않지만, 잠결에 그게 바퀴벌레일 거라는 생각이 들면 그날 잠은 다 잔 셈이었다.

내 방에서 나와 함께 살았던 바퀴벌레 중에도 최악이 있었는데, 화장실 불을 켤 때마다 선반의 같은 자리에 붙어 있던 놈이었다. 그 자리에 있는 바퀴벌레는 아무리 죽여도 매번 살아나는 것 같았다. 매번 똑같은 자리에 똑같은 크기와 모습으로 자리 잡고 있으니 나중에는 내가 헛것을 보는 건 아닐까 의심스러울 정도였다.

나는 요리를 좋아해서 이때도 기숙사 주방 찬장에 간단한 식재료를 자주 구비해두는 편이었다. 하루는 찬장 안에 작은 바퀴벌레들이 새까맣게 모여 있었다. 얼마나 그득하던지, 혹시 내 찬장이 바퀴벌레들 사이에서 맛집이라고 소문이라도 난 건가 싶었다. 바퀴벌레들이 웨이팅이라도 하는 것처럼 보일 지경이었으니까. 찬장 문을 여는 순간 바퀴벌레가 썰물처럼 빠져나가는데 그중 한 마리가 길을 잘못 찾았는지 나를 향해 돌진했다. 그때 다짐했다. 이 집의 주인은 더 이상 내가 아닌 바퀴벌레라고. 그 순간 나는 기숙사에서 나가기로 결심했다.

이즈음 나는 회사 업무만으로도 정신을 차리기 힘들 정도로 과로에 시달리고 있었다. 그래도 용인 본가에 자주 가지 않았다. 부모님이 아직도 나를 초등학생 대하듯 잔소리를 하시는 게 싫었다. 입사 전까지 나는 세상에서 제일 무서운 게 부모님의 잔소리인 줄 알았다. 하지만 세상에서 가장 무서운 건 부모님의 잔소리 따위가 아니었다. 그때만큼은 바퀴벌레가 제일 무서웠다.

어느 주말, 룸메이트가 외출한 사이 고등학교 동창이 기숙사에 놀러왔다. 친구는 허름한 아파트 외관과 제대로 된 가구 하나 없는 내부 구조와, 그에 걸맞게 돌아다니는 바퀴벌레를 보더니 정말 일본 굴지의 대기업에 입사한 게 맞느냐며, 이름만 빌린 블랙 기업이 아니냐고 물었다. 기숙사에서 하룻밤을 잔 친구는 절대 다시는 놀러 오지 않겠다고 했다.

입사 초반에는 취직도 했으니 자동차나 집 중 하나를 마련해야겠다는 계획을 가지고 있었다. 처음에는 동기들처럼 차를 사고 싶었다. 그런데 태어나서 가장 많은 바퀴벌레를 수시로 보다보니, 학생 시절 경제학과 교수님이 수업 시간에 해주신 말씀이 생각났다. 신입 사원이 할부로 차를 사면 차를 사지 않은 동료와 비교했을 때 5년 후 자산 격차가 두 배 이상 벌어진다는 내용이었다. 물론 차를 사면 나의 간절한 꿈인 조종사 훈련비를 마련하는 시점이 늦어진다는 점도 차를 포기한 중요한 이유였다.

나는 자연스레 집으로 시선을 돌렸다. 바퀴벌레도, 녹물도, 어디서든 마주치는 회사 사람들도 다 끔찍했다. 그래, 여기서 나가자. 사람답게 살자.

05

리첸스 1004호를 만나고

입사한 지 1년이 채 지나지 않아 기숙사에서 나가기로 결심했다. 나보다 4개월 늦게 입사한 동기 셋은 이미 나보다 먼저 집을 구한 상태였다. 동기들 집에 놀러가니 그야말로 사람이 사는 집 같았다. 당연히 바퀴벌레도 없었다. 사람이 주인인 집에 잠시 머무르는 것만으로도 동기부여가 되었다. 나도 빨리 바퀴벌레 소굴에서 탈출해 사람답게 살아야겠다.

　마침 동기 세 명 중 두 명이 청년버팀목전세자금대출을 받아서 집을 얻었다고 했다. 전세금이 부담스러워 처음에는 월세를 얼을까도 생각했다. 당시 천안의 월세 시세는 35만 원 정도였다. 그런데 2년치를 계산해보니 그 돈도 아까웠다. 나도 동기들처럼 청년버팀목전세자금대출을 받기로 했다.

큰돈을 쓰는 일이니 신중을 기하고 싶었다. 부동산 네 곳을 방문했고 스무 집 정도를 살펴보았다. 그중 두 집이 마음에 들었으나 부모님과 공인중개사이신 큰아버지가 위험하다고 만류하셨다.

서울 송파구에서 일하시는 큰아버지는 천안 쪽 소문이 좋지 않다며 신중하게 집을 구하라고 하셨다. 한번은 내 맘에 드는 집을 소개받아 등기부등본을 보여드렸더니 근저당이 많은 다세대주택이라 너무 위험하다고 하셨다. 큰아버지의 의견을 참고해 가용할 수 있는 예산, 직주근접, 집 컨디션 등 여러 가지를 종합적으로 고려하려니 생각보다 일정이 많이 지연되었다. 하지만 바쁘신 큰아버지께 매번 의견을 구할 수도 없는 노릇이었다.

안타깝게도 부모님 또한 빌라에 대한 부동산 지식은 많지 않으셨고 나 역시 당시에는 전세 사기나 깡통 전세를 대비할 생각을 전혀 하지 않았다. 이때는 아파트뿐 아니라 빌라 가격도 하루가 다르게 고공행진이었다. 사기를 당할지도 모른다는 것은 단 한 번도 생각해본 적이 없었다. 오히려 망설이는 사이에 내가 찜해둔 집을 다른 사람이 먼저 계약하거나 다음 날 전세가가 더 오르는 것이 당시의 나에게는 가장 큰 두려움이었다.

한 건물주가 소유한 다세대주택이 경매로 넘어갈 경우, 낙찰금으로 은행 근저당을 먼저 갚고 입주일이 빠른 순서대로 배당 우선순위를 갖는다는 사실도 1년 뒤 전세 사기를 당하고 나서야 알았다. 이런 지식은 왜 학교에서 가르쳐주지 않는 것일까.

큰아버지가 몇 집을 걸러주셨지만 당시 천안 전셋집의 90퍼센트 이상은 기본적으로 60~70퍼센트의 대출을 끼고 있었다. 내 맘에 드는 집은 위험했고, 등기부등본의 근저당 금액이 낮아 상대적으로 안전한 집은 사람이 살고 싶은 상태가 아니었다. 내가 만난 공인중개사들의 영업 방식은 하나같이 똑같았다. 안전하지만 다 허물어져가는, 도저히 들어가고 싶지 않은 집을 먼저 보여주고 마지막에 위험하지만 집다운 집을 보여주며 설득하는 식이었다.

한참 동안 발품을 팔아 이번에도 내 맘에 쏙 드는 전망 좋은 투룸을 찾았지만, 내 예산을 초과하는 7,000만 원의 높은 가격과 근저당이 많으면 위험하다는 큰아버지 말씀이 생각나 이 집도 아쉽게 포기했다. 그래도 다른 집을 볼수록 이 집이 자꾸 생각났다. 며칠 뒤에 연락하니 다른 사람이 계약했단다. 2020년 여름에는 부동산 가격이 오를 대로 올라 있었기 때문에, 컨디션이 괜찮은 집은 내놓은 지 하루 이틀 만에 계약이 되곤 했다.

나는 점점 초조해졌다. 공인중개사들은 여섯 시면 근무를 마쳤기 때문에 맘에 드는 집을 얻으려면 부지런해야 했다. 퇴근 시간이 임박하면 공단 주변의 러시아워를 뚫고 달려가서 집을 보고, 야근을 하러 회사로 복귀했다. 점점 더 많은 바퀴벌레가 주인 행세를 하는 기숙사에서 살며 한 달 넘게 저녁마다 집을 보러 다니니 지칠 대로 지쳐갔다. 이대로 가다가는 이 회사에서 탈출도 못하고 평생 기숙사에서 좀비처럼 늙어갈 내 미래가 엄청난 공포로 다가왔다.

그래도 그때 정신을 차렸어야 했다. 수천만 원이 드는 전셋집을 구하는 매우 중요한 일을 하는데, 연차를 쓰고 좀 더 차분하게 집을 봤다면 얼마나 좋았을까. 업무와 시간에 쫓겨 급히 집을 보러 다닌 것이 지금까지도 두고두고 후회된다.

그러던 어느 날, N 부동산 과장에게 연락이 왔다. 내 맘에 들 만한 매물이 나왔으니 다른 사람이 계약하기 전에 빨리 오라고 했다. 나중에 안 일이지만, 이 사람은 공인중개사 자격증이 없는 단순 영업인이었다. 공인중개사 자격증이 없어도 부동산에서 일을 하고 매물을 소개할 수 있다는 것도 나중에야 알았다.

급히 부동산에 도착하니 사장이 얼른 집을 보러 가자며 나를 차에 태웠다. 안전의 대명사라는 볼보 S90에 탑승했다. 차량용 디퓨저에서 꽃향기가 은은하게 퍼졌다. 사장은 잔잔한 클래식 음악까지 틀어주며 내 긴장을 풀어주려 애썼다. 거기서 그치지 않고 운전하는 내내 그 집을 극찬해댔다. 지금 돌이켜보면 순진한 사회 초년생에게 그따위 깡통 전세를 떠넘기려고 얼마나 각을 재고 있었을까. 다시 생각해도 화가 치솟는다.

도착한 곳은 10층짜리 리첸스 빌라였다. 2010년대 초반에 지은 건물이라 몇몇 지저분한 곳을 제외하면 아직 깨끗하고 신축 느낌도 났다. 엘리베이터를 타고 10층까지 올라가는 동안, 나보다 부동산 사장이 더 들떠 있었다.

"지수 씨한테 보여주려는 집이 1004호거든? 봐봐, 이름부터가 천사잖아. 여기서 살면 매일 천국에서 사는 기분일 거야."

리첸스 빌라 1004호는 전면 거실과 방이 발코니를 향해 있는 투베이 구조였다. 주방과 화장실이 작은 대신 실내 공간을 넓게 쓸 수 있었다. 용인 본가에서 살 때 윗집 아이들 때문에 층간소음에 종종 시달렸는데 1004호는 꼭대기 층이어서 그런 걱정을 할 필요도 없었다.

무엇보다 내 마음을 사로잡은 것은 전망이었다. 꼭대기 층인데다 건물 코너에 자리하고 있어 낮에는 남쪽 창으로 햇빛이 들어오고 저녁에는 서쪽 창을 통해 노을을 감상할 수 있었다. 어디를 둘러봐도 맘에 들었다. 그래도 너무 티를 내면 안 된다. 이 집에 내 월급이, 내 신용도가, 내 꿈과 미래가 걸려 있다.

일단 진지한 표정을 지으며 심각하게 고민하는 척 연기했지만 머릿속으로는 가구를 어떻게 배치할지 빠르게 시뮬레이션했다. 어떻게 각을 재어도 이 집은 완벽했다. 들어서는 순간 여기가 내 집임을 직감했다. 서랍을 어색하게 여닫는 모습을 보아하니 부동산 사장도 이 집에 직접 방문하는 건 처음인 듯했다. 그래도 사장은 집안 곳곳을 살펴보며 이 집의 장점을 끊임없이 설명해주었다.

집을 둘러보고 나서 N 부동산으로 돌아가 이번에는 건물에 대한 설명을 들었다. 일단 전세금은 5,800만 원이었다. 이 건물에는 총 72세대가 있고, 한 건물주가 전체를 소유하고 있었다. 문제는 2금융권에서 받은 근저당 대출 33억 원이었다. 순간 머리가 복잡해졌다. 부동산, 특히 다세대주택에 대해 아는 것이 많지는 않았지만 본능적으로 이 집과 건물이 위험하다는 느낌이 강하게 들었다. 사장은 내가 고민하는 것을 눈치 채고 베테랑 영업자처럼 쉴 새 없이 나를 설득했다.

"아이고, 지수 씨! 이거 원, 구더기 무서워 장 못 담그남? 요즘처럼 전셋값 폭등하는 시기에 이런 집을 어디서 구한다고 그래요. 솔직히 요즘 천안에 어지간한 건물은 다 이 정도 대출은 끼고 있어요. 오늘 결정 안 하면 내일 다른 사람이 바로 계약할걸? 지수 씨도 집은 맘에 들어 했잖아. 위치 좋지, 채광 좋지, 조용하지, 깨끗하지. 6,000도 안 되는 가격에 이 정도 컨디션 구하는 거 보통 어려운 게 아니라고. 내가 지수 씨한테 좋은 집 구해주려고 천안을 이 잡듯이 뒤졌다니까. 솔직히 말해서 70세대가 넘는 건물에 대출 30억쯤은 위험한 수준도 아니지. 이 건물이 최소 70억이 넘는데. 언제까지 저녁마다 한가하게 집 보러 다닐 거야? 오늘 결정해. 내가 천안 바닥에서만 부동산 경력이 몇 년인데, 이 집은 경매에 넘어갈 일이 없어. 만에하나 넘어간다고 해도 최우선변제금을 받을 수 있는 소액 임차인에 포함된다니까. 그만큼 안전하다는 거지."

그래도 내가 우물쭈물하자 사장은 마지막 쐐기를 박았다. 대부분의 입주자가 월세로 살고 있어서, 만약 문제가 터진다 해도 전세 보증금을 온전히 돌려받을 수 있을 거라고 설명했다. 사장은 한국공인중개사협회가 발행하는 1억 원짜리 공제증서도 건네주었다. 내가 이렇게까지 보장하겠다는데도 계약을 안 할 거냐고 온몸으로 밀어붙이는 기분이었다. 공제증서를 받아드니 조금은 안심이 되었다. 그래, 내 보증금은 1억을 넘지도 않으니까 괜찮겠지.

등기부등본에 인쇄된 33억 원이라는 숫자 위로, 좀 전에 본 멋진 채광과 천국을 상상하게 만드는 1004호 명패가 겹쳐 보였다.

'그래. 사장 말이 맞겠지. 천안 인구가 무려 60만인데, 1년에

한 번 정도 사고가 터질 순 있어도 설마 그 많은 건물 중 이 건물이 잘못되기야 하겠어? 정말 문제가 있는 건물이면 아무도 거기서 안 살겠지. 지금 리첸스에서 살고 있는 사람이 수십 명일 텐데, 그 사람들이 다 바보도 아니고.'

설령 오피스텔에 문제가 생긴다 해도 이 건물이 70~80억짜리라니, 건물주 입장에서 고작 6,000만 원도 안 되는 내 전세금은 껌값일 거라며 애써 불안감을 떨쳐냈다.

이 집으로 계약하겠다고 말하고, 집주인은 몇 시쯤 오느냐고 물었다. 그러자 사장은 자신이 대리인 역할도 하고 있으니 자기만 믿고 사인하면 된다고 했다. 그래도 통화 정도는 해야 하는 것 아니냐고 반문하자, 이 정도 건물을 가진 사람들은 굉장히 바빠서 계약할 때마다 매번 세입자를 만나지 않는다고 했다. 다른 입주자들도 집주인을 만나지 않고 사인을 했단다. 또다시 싸한 기운이 몰려왔지만, 고민이 길어지면 지난번처럼 다른 사람이 이 집을 계약할까 봐 사장 말을 따르기로 했다.

바퀴벌레가 득시글거리는 기숙사에 대한 혐오감과 회사에서 받는 스트레스, 한 달 넘게 전셋집 투어를 하느라 쌓인 피로감이 나를 짓누르고 있었다. 나는 좀 전에 본 깨끗한 건물과 아늑한 노을이 비치던 1004호를 떠올리고, 그 자리에서 사인을 한 다음 계약금을 이체했다. 그래, 어차피 2년인데 별 문제 없을 거야. 월세 안 내도 되는 것만 생각하자. 혹시 문제 있으면 빨리 돈 모아서 다음에 더 안전한 집으로 가면 돼.

부동산 사장은 부가적인 설명 없이 이런 형태의 집은 전세금반환보증보험에 가입이 되지 않는다고 했다. 그 말에 속으로 전세금반환보증보험 가입비 월 3만 원을 아끼게 되었다며 좋아했다. 그런데 나중에 알게 된 사실이지만, 리첸스 빌라는 저축은행의 근저당과 선순위 계약자들의 담보권 설정금액이 건물 시세의 60퍼센트를 초과하는 깡통 전세의 전형이었기 때문에 전세금반환보증보험에 가입조차 할 수 없는 수준이었다.

그날 내가 계약서에 사인하기 전에 '전세금반환보증보험에 가입하고 곧바로 계약금을 이체하겠다'라고 한마디만 했다면 지금쯤 내 인생은 어떤 모습일까. 월 3만 원을 아낄 수 있다고 좋아했던 과거의 나를 찾아가 실컷 두들겨 패고 싶다.

다음 날, 청년버팀목전세자금대출을 받기 위해 재무팀에 필요한 서류를 요청했다. 아직 프린트기의 온기가 남아 있는 빳빳한 서류를 품에 안고, 재무팀 담당자가 알려준 회사 주거래 은행의 담당 지점으로 향했다. 우리 회사를 잘 아는 창구 직원은 무척이나 친절했다. 은행 직원이 원래 이렇게 친절했나? 담당자의 응대를 받으며 1퍼센트대 저금리로 4,640만 원의 대출을 받았고, 나머지는 부모님께서 빌려주신 돈과 그동안 모아 둔 월급으로 충당하기로 했다. 그날, 계약금을 제외한 전세금 5,510만 원을 건물주에게 입금했다.

건물주는 나보다 고작 일곱 살 많은 1984년생 여성이었다. 그녀의 재력이 무척이나 놀라웠다. 무슨 일을 하기에 마흔도 안 된 나이에 이런 건물을 가졌을까? 아마 금수저겠지? 아님 청년 사업가? 그렇지만 당시만 해도 건물주가 엄청나게 부럽지는 않 았다. 나는 겨우 서른이었고 나에게는 젊음과 열정, 무엇보다 조종사라는 소중한 꿈이 있었으니까.

06

나의 살던 고향은 대치동 빨간 벽돌 빌라촌

내가 대치동에서 초, 중, 고등학교를 다녔다고 하면 많은 사람들은 내가 소위 말하는 금수저일 거라고 짐작한다. 정확하게 말하면 나는 대치동에서 금수처럼 자랐다. 우리 집엔 방이 두 개였는데 킹사이즈 침대보다 조금 큰 방을 누나가 썼고, 킹사이즈만 한 방은 내가 썼다. 부모님은 누나 방보다 작은 거실에서 주무셨다. 거실에는 낡은 창문이 하나 있었다. 삐걱대는 창문을 겨우 열면 불과 2미터 앞에 빨간 벽돌로 쌓은 벽이 보였다.

우리 집은 흔히 말하는 빨간 벽돌 빌라촌에 있었다. 건물 간격은 마치 비행기의 이코노미 좌석처럼 좁았다.

이 빌라촌에서 살았던 집주인 대부분은 강남 8학군의 황새부모들을 쫓아가려 하는 뱁새 부모들이었다. 뱁새 부모들의 간절함과 욕망, 헌신과 희생이 가득한 작은 집에서 자식 뱁새들은 자주 절망했다. 매일 밤마다 빌라촌 곳곳에서 부모 뱁새와 자식 뱁새들이 싸웠다. 그 소리에 전염성이라도 있는 건지, 한 집에서 시끄러운 소리가 들리면 얼마 지나지 않아 앞집, 뒷집, 옆집에서도 다투는 소리가 들려왔다.

특히 여름이면 현관문이나 창문을 열어두고 생활하는 집이 많았는데, 그래서인지 싸우는 주제와 주고받는 대사까지 주변 이웃들이 공유하곤 했다. 변성기가 시작된 자식 뱁새들이 여기저기서 고래고래 소리를 지르고 있노라면 마치 록 콘서트장에 온 것 같기도 했다. 다행히 누나는 뱁새로 시작해 황새로 자랐지만 나는 능력과 노오력이 부족했는지 이때도 지금도 뱁새의 삶을 살고 있다.

나는 이 좁은 공간 안에서조차 마음껏 자라나지 못했다. 공간이 좁아서 마음껏 성장할 수 없었던 건지, 마음껏 성장할 능력이 부족해서 이 공간이 더 좁게 느껴진 건지는 모르겠다. 오죽했으면 대치동에서 삼수를 했을까. 성인이 되어 집에서 독립할 즈음 부모님은 용인으로 이사를 준비하셨고, 집안 전체에 도

배가 예정되어 있었다. 그때 나는 학창 시절에 쌓인 원망을 가득 담아 벽에 붓으로 이런 글을 썼다.

팔다리를 뻗으면 몸 한 군데는 벽에 닿는
이 작은 공간에서
내 청춘은 얼마나 괴로웠나.
이제 이 작은 둥지에서 벗어나 하늘을 훨훨 날아야지!

학창 시절 내내 좁고 답답한 집에서 잔뜩 위축된 채 살았던 한을 풀듯, 나는 성인이 되자마자 전 세계를 자유롭게 여행하기 시작했다. 군대에 있었던 2013년과 코로나로 비행기를 타지 못한 2020년을 제외하면, 스무 살 이후로 온전한 1년을 한국에서 보낸 적이 없었다. 아마 주변에서는 내가 역마살에 걸렸다고 생각하지 않았을까.

덕분에 지금까지 보지 못한 세상을 경험하면서 세상이 얼마나 아름다운지 알게 되었다. 이 아름다움은 방구석 텔레비전이나 컴퓨터 앞에서 느낄 수 있는 감정과는 차원이 달랐다. 집 밖으로 나가야만, 비행기를 타야만, 한국이 아닌 곳에서만 느낄 수 있는 공기가 분명 있었다.

이 과정에서 또 하나 깨달은 것이 있다. 나에게 비행은 언제나 그 자체로 설레고 짜릿한 시간이라는 것을. 마치 워터파크의

거대한 미끄럼틀에 앉아 내려가라는 신호를 기다릴 때처럼 매 순간 설레고 두근거렸다.

비행기를 탈 때 운이 좋으면 조종실을 들여다볼 수 있었다. 콕핏이라 부르는 조종실의 복잡한 기계와 듬직한 조종사들의 뒷모습을 보다 보니 조종사에 대한 호기심이 생겨났다. 다행히 민간 항공사에 취직하는 데 시력이 아주 큰 문제가 되지는 않는다는 사실을 알게 되면서 자연스레 조종사를 꿈꾸게 되었다.

세상 모든 꿈이 마찬가지겠지만, 꿈을 현실로 바꾸려면 돈이 필요하다. 조종사가 되기 위해서도 돈이 필요하다. 돈이 없으면 꿈도 꿀 수 없다. 그것도 한두 푼 정도가 아니라 아주 많이 필요하다. 삼수를 하고 대학교를 10년 만에 졸업한 내가 1억 원이 넘는 훈련비까지 부모님께 부탁할 수는 없었다. 두렵지만, 거칠고 냉정한 세상을 정면으로 마주하기로 결심했다. 돈을 벌자. 조종사가 되자. 거대한 비행기를 조종하며 전 세계 상공을 비행하는 모습만 상상하자. 지금부터 3년이다.

07

전
세
로

사
는

행
복

지방에 있는 회사에 입사한 이유는 두 가지였다. 첫째, 복잡한 서울 생활에 질릴 대로 질려 있었다. 물론 지금은 아니다. 아이러니하게도 서울을 떠나 천안에서 살아보니 서울이 얼마나 좋은지 알게 되었으니까. 지금은 서울로 가기만 해도 가슴이 웅장해진다. 둘째, 부모님으로부터 온전히 독립하고 싶었다. 수도권 어중간한 지역으로 취업할 경우 용인 본가에서 출퇴근할 가능성이 커 보였다. 따로 산다 해도 부모님이 가끔 집에 찾아오실 가능성이 있었는데, 그 일말의 가능성도 없애고 싶었다.

찌질했던 학창 시절에 이어 바퀴벌레와 녹물이 나오는 기숙사까지 청산하고 누구의 간섭도 받지 않는 나만의 집에서 혼자 살게 되니 너무 기뻤다. 입사 후 가장 높은 텐션을 자랑하며 신나게 짐을 쌌다. 기숙사에서 10개월도 채 살지 않았는데 생각보다 짐이 많아서 자동차로 세 번을 왕복했다.

가져온 짐을 리첸스 1004호에 펼쳐놓고 하나씩 풀기 시작했다. 플라스틱으로 된 흰색 접이식 앉은뱅이책상을 펼치니 상판과 책상다리 사이에 작은 바퀴벌레가 한가득 보였다. 족히 열 마리는 되어 보였다. 그놈들은 햇살 아래 자신들의 정체가 드러나자마자 사방팔방으로 도망갔다. 눈에 띄는 족족 인정사정 볼 것 없이 때려잡았다. 그래도 안심이 되지 않았다. 기숙사에서부터 딸려 온 바퀴벌레가 천사 같은 새집에 번식할지도 모른다는 생각에 치가 떨렸다. 집안 곳곳에 바퀴벌레 퇴치제를 뿌리는데 순간 싸한 기분이 들면서 불안감이 엄습했다. 바퀴벌레의 소굴과도 같은 어두운 과거는 내 의지만으로 쉽게 떨칠 수 없는 것이라는 생각이 들었다.

불안감을 빨리 떨쳐내려고 더더욱 애정을 담아 새집을 꾸미기 시작했다. 팔다리를 쭉 뻗어도 어느 곳 하나 벽에 닿지 않을 퀸 사이즈 침대를 샀고, 장식장 겸 책장도 주문했다. 요리를 좋아하는 만큼 전자레인지 겸용 오븐, 에어프라이어, 각종 요리도구와 식기 일체를 구입했다. 그중에서도 가장 맘에 드는 것은 여섯 명이서 함께 밥을 먹을 수 있을 만큼 긴 원목 탁자였다. 전셋집이라 인테리어를 내 맘대로 할 순 없으니 조명과 향초 그리고 LP로 방을 꾸몄다. 마침내 나만의 사랑스럽고 고독한 요새가 완성되었다.

이렇게 시작한 전세 생활은 그렇게 즐거울 수가 없었다. 사람 사는 집에서 산다는 게 이런 건가 싶을 정도로 하루하루가 행복했다. 가끔 부동산 사장의 카카오톡 프로필을 확인해보았는데, 본인 자녀의 사진을 프로필 사진으로 걸어둔 점이 믿음직스러웠다. 그러고 보니 부동산 사무실 이름도 사장 자녀의 이름과 같았다. 내가 은인을 만났구나, 이렇게 좋은 집을 얻다니.

집주인하고는 딱 한 번 통화를 했다. 못 한두 개 정도 박는 것은 괜찮다고 했다. 나는 감사하다고, 깨끗한 집을 내주셨으니 나갈 때는 더 깨끗이 돌려놓겠다고 몇 번이고 반복해서 말했다.

08

회사란 원래 이런 곳일까

취업 준비를 할 때부터 회사는 중간 경유지일 뿐이라고 생각했다. 딱 3년만 일하고 그동안 돈을 엄청 열심히 모아, 서른둘에는 조종사 훈련을 시작할 계획이었다. 회사라는 울타리에 너무 익숙해지면 나도 모르게 나태해져 그대로 눌러앉을까 봐, 절대 그러지 않기로 스스로 다짐하고 또 다짐했다.

첫 출근날, 회사 지하실에서 오리엔테이션을 받는데 뭔가 분위기가 이상했다. 건물은 마치 드라마 속 정신병동처럼 디자인

되었고, 아무 표정이 없는 사람들이 왔다 갔다 하고 있었다. 몇 개 안 되는 창문에는 일일이 검은 쇠창살이 박혀 있었다. 나중에 알게 된 사실이지만 이 회사 사람들 상당수가 정신건강의학과에서 약을 처방받은 경험이 있거나 약을 먹으며 생활하고 있었다. 내 맞은편에 앉는, 회사에 몇 안 되는 인간적인 선임도 약을 먹어가며 업무를 하고 있었다. 안타깝게도 과로나 스트레스가 심해지면 가끔 공황 증상이 나타나서 조퇴를 하곤 했다. 한 가정의 가장인 선임의 꿈은 이직에 성공해 핸드폰 번호를 바꾸는 것이라고 했다.

오리엔테이션 자료는 512MB 램을 다루는 2000년대 초반에 만들어진 것이었다. 자료를 물끄러미 바라보며 이 회사에는 변화라는 게 없겠다는 생각을 했다. 오리엔테이션이 진행되는 동안 회사는 단 한 건의 해고도 없었다고 힘주어 말했다.

내가 일할 사무실은 60명 정도가 함께 사용하는 넓은 공간이었는데 어찌나 조용한지 마치 독서실 같았다. 가끔 전화 통화 소리만 간간이 들려왔다. 아무도 잡담을 하지 않았고 키보드를 두드리거나 마우스를 클릭하는 소리만 가득했다. 회사 평판을 조회하는 사이트에서 검색해보니 이 회사의 평점은 5점 만점에 2.2점이었다. 보통 3점 미만인 회사는 지원하지 말라고 하던데, 그 사실을 입사한 후에 알았다는 점이 못내 아쉬웠다. 왜 연봉만 보고 쉽게 결정했을까. 그나마 완전 최악의 수준까지는 아닌 연봉을 제외하니 평균 평점은 1.8점으로 떨어졌다. 1점대인 회사를 다니게 된 건 분명 내가 20대에 너무 놀았기 때문이라고 생각했다.

팀장들에게 아무렇지 않게 욕설을 날리던 임원은 승승장구했다. 나에게는 해코지를 하지 않았고 굳이 해코지를 할 상대도 되지 않았지만, 팀장들은 임원을 보고 배우는 것 같았다. 팀장들은 책임들에게, 책임들은 선임들에게, 선임들은 사원들에게 너무도 당연하다는 듯이 막말과 욕설을 날렸다.

나는 O책임 밑에서 일하면서 직장생활에 관한 주옥같은 명언들이 어떻게 탄생했는지 어렴풋하게나마 짐작할 수 있었다. 내가 입사한 회사는 반도체 장비를 삼성전자와 SK하이닉스에 납품하는 1차 벤더사에 해당한다. O책임은 엔드유저에게 반도체 장비에 필요한 부품을 영업하는 파트장이다. 그는 현장 후배들을 여럿 퇴사하게 만들어 사무실로 좌천되었다. 현장에서 사무실로 좌천을 당하다니, 운도 억세게 좋지. 그는 불명예스러운 일로 보직이 변경되었지만 연차가 높아 여전히 파트장을 맡을 수 있었다. 오리엔테이션 때 들었던 '이 회사는 지금까지 단 한 명도 해고하지 않았다'는 말은, 저런 사람도 이곳에서 계속 일을 할 수 있다는 의미라는 것을 그제야 이해했다.

오리엔테이션이 끝나고 팀을 배정받은 첫날, 그는 나를 부르더니 인상을 쓰며 인수인계를 잘 받으라고 했다. 나의 전임자는 이곳에서 3년을 일했는데 O책임이 싫어 회사를 떠난다고 했다. 원래 인수인계는 하는 쪽에서는 완벽하게 했다고 생각하고 받는 쪽에서는 어설프게 받았다고 생각할 수밖에 없다. 우리의 인수인계 역시 마찬가지였다. 그는 아무것도 모르는 나에게 몇 가지를 대충 알려주고는 떠나버렸다.

3개월의 수습 기간 동안에는 야근이 법으로 금지되어 있었지만, 나는 전임자가 퇴사한 날부터 야근을 해야 했다. 그즈음은 연말이었고 반도체 업계의 특성상 연말이 다가올수록 일이 많아진다. 각 라인마다 책정된 예산을 그해에 모두 소진하지 않으면 다음 년도 예산이 줄어들기 때문이다.

회사는 부품이 필요하지 않아도 재고를 쌓아두기 위해 주문량을 늘렸다. 완전 백지 상태에서 이제 겨우 목차 정도의 개념만 간신히 파악한 나는 매일 1억 원어치의 부품을 구매하기 시작했다.

알파고와 비견될 정도로 일을 잘하지만 너무 바빴던 구매파트장은 신입 사원인 나에게 아무 도움도 관심도 주지 않았다. 다행히 구매파트 내의 다른 책임이 많이 도와주어 불완전하게나마 업무를 이어나갈 수 있었다. 업무를 시작한 지 1년이 지나도록 여전히 부침을 겪었지만, 어느 정도 업무에 익숙해진 뒤 입사 초기를 돌아보니 아득해졌다. 정말 아무것도 모르고 일했구나. 무슨 정신으로 회사를 다녔을까.

09

회사 밖은 지옥이라고요?
회사가 이미 지옥인데요

나는 네 가지 일을 동시에 진행했다. 내가 맡은 업무를 소화하려면 네 사람이 필요했지만, 네 사람의 몫을 한 사람이 죽을 둥살 둥 해내면 회사는 인원을 보충해주는 것이 아니라 한 사람의 업무량을 그 정도 수준으로 높인다는 현실을 알게 되었다.

주 52시간을 지키기 위해 연장 근무가 12시간을 넘으면 퇴근 카드를 찍고 일을 해야 했다. 아직 신입 사원인 내가 60명이 일하는 사무실에서 마지막 소등을 하는 경우도 허다했다. 매일 전화 통화를 60번 정도 했고, 이메일은 150통가량 받았으며 그

중 30통 정도에는 회신을 보냈다.

O책임은 나에게 적응 기간을 주지 않았다. 내가 네 가지 업무를 동시에 하는데도 자신의 업무가 승인을 받으면 만사 제쳐두고 자신이 진행하는 일을 먼저 하라고 했다.

빨리 하라고 해서 빨리 하다 보니 실수가 생겼다. 윽박지르는 그에게 빨리 하라고 해서 빨리 했다고 대답하니, 그는 입사한 지 2개월 된 수습사원에게 빠르기만 하면 안 되고 빠르면서 정확하게 해야 한다는 명언을 남겼다. 잘 모르는 업무가 있어서 질문하면 파트 내 책임에게 물어보라고 했다. 시간이 좀 더 지나자, 자신이 시킨 일은 퇴근 시간이 지났어도 무조건 마치고 퇴근하라고 했다. 이곳은 학교가 아닌 회사라며 60명이 넘게 생활하는 공간에서 소리를 지르기 일쑤였다.

O책임이 맡은 파트에는 다섯 명이 소속되어 있다. 이들은 나와 파티션 하나를 사이에 두고 반대편에 나란히 앉았기 때문에 차례로 1, 2, 3, 4, 5번이라 불렸다. 다섯 명은 하루에도 수십 번씩 나를 자신들 자리로 호출했다. 그들의 업무가 편해지기 위해 업무 방식이 계속 개선되었고, 그럴수록 내가 해야 하는 업무는 늘어났다.

O책임은 업무와 상관없는 일로도 나를 괴롭혔다. 슬리퍼 끄는 소리를 내지 말라고 했고 복장을 지적했으며 검은색 배낭을

메지 말라고 했다. 추석 연휴와 크리스마스 휴가 전날에는 뜬금
없이 전화를 걸어 20분가량 욕설 섞인 잔소리를 쏟아냈다. 어
느 날은 뜬금없이 초등학생보다 일을 못한다고 소리를 질렀다.
인성도 부족하고 실력도 없는 사람이 어떻게 책임을 달고 파트
장을 맡는지 도무지 이해할 수 없었다.

입사한 지 6개월쯤 되자 나에게 여덟 개 도급사를 관리, 선
정, 발주하는 업무가 더해졌다. 악으로 깡으로 간신히 버텨왔는
데, 그때 처음 무너졌다. 예견된 일이었다. 이 자리에 나보다 똑
똑하고 꼼꼼하고 일을 잘하는 사람이 들어오면 이 일을 모두
해낼 수 있을까? 아니다. 이 회사에 정말 똑똑한 사람이 입사한
다면 출근하자마자 나갔을 것이라고 확신했다. 3년 정도의 경
력을 쌓고 보니, 지금의 업무 능력을 보유한 채로 그 회사에 다
시 입사한다면 이제야 주어진 과제를 정상적으로 수행할 수 있
을 것 같다. 그 업무는 아무것도 모르는 신입이 맡으면 안 되는
일이었다.

긴급 구매 요청은 왜 이리 많은지, 일을 처내는 데 급급하다
보니 시스템을 개선할 시간이나 여력은 당연히 없었다. 매일 실
수가 터졌고 실수가 터지지 않은 날에는 혹시 내가 무슨 실수
를 하지 않았을까 걱정하느라 잠을 제대로 못 잤다. 이 기간에
나는 마음을 편하게 하기 위해 할 수 있는 일은 다 했던 것 같

다. 향초를 켜고 조명을 은은하게 바꾸고, 마음이 편해진다는 음악을 들었고 취침 전에는 빗소리 ASMR을 들었다. 대학생 시절 재미있게 본 드라마 〈미생〉은 직장인이 되고 나서는 더 이상 웃으며 볼 수 없게 되었다.

나는 서서히 웃음을, 여유를, 인류애를 잃어갔다. 입사 전에는 커피를 투샷으로 마셨고 에스프레소도 즐겼는데, 어느새 커피를 마시면 마음이 불안해져 차를 마셔야 했다. 원인 모를 통증에도 늘 시달렸다. 스트레스가 극심해지면 하체가 불편해졌고 한 자리에 가만히 앉아 있을 수 없어서 수시로 자세를 바꾸어야 했다. 6개월 정도는 특정한 자세를 유지해야 그나마 몸이 편안해졌는데, 이 습관 때문에 왼쪽 무릎이 망가졌다.

불행 중 다행으로, 회사는 힘들었지만 보수는 괜찮았다. 매달 백화점 상품권이 지급되었고 6개월마다 월급의 수백 퍼센트에 해당하는 성과급을 받았다. 상당한 연봉을 받아도 금융치료가 되지 않았다는 게 문제라면 문제였다.

그래도 감히 퇴사할 생각을 하진 않았다. 나에겐 꿈이 있으니까. 조종사가 되어 세계 곳곳을 비행하는 몇 년 뒤의 나를 상상하며 통증을, 불행을, 쌍욕을, 무한 야근을 참고 또 참았다. 돈은 한 푼도 허투루 쓰지 않고 차곡차곡 모았다. 동기들이 차를 살 때 나는 꿈을 산다고 생각했다.

이때는 주식시장이 상당히 호황이었다. 나는 열심히 모은 현금을 안전한 적금보다 주식에 공격적으로 투자했다. 경제학 전공자답게 투자 공부도 열심히 했고 나만의 경제 철학도 가지고 있었다. 다행히 수익도 괜찮았다.

나에게 효자 종목은 테슬라와 대한항공이었다. 테슬라는 액면분할 전 100달러일 때부터 관심을 가졌는데 돈을 제법 모았을 즈음엔 300달러대에 매수할 수 있었다. 조종사 지망생으로서 대한항공 주식도 빼놓을 수 없었다. 유상증자, 아시아나 항공 인수, 항공운항 특수 등 큰 이슈들이 많았지만 나쁘지 않은 수익을 올릴 수 있었다.

구매 업무를 하니 업무 특성상 갑의 위치에 서기도 했다. 명절이나 생일이 되면 커피 기프티콘 같은 작은 선물을 받았다. 투명성을 강조하시던 정직한 팀장님은 나에게 그런 것을 받지 말라고 하셨다. 선임은 적당한 선에서는 거절하지 않는 것도 예의라고 했다. 나는 처음에는 모두 거절했지만, 나중에는 4만 원의 기준을 정해 그 이하로만 받았다. 또한, 대기업이나 중견기업이 아닌 영세업체의 대표님들이 보내시는 선물은 작은 것이라도 완곡히 거절했다.

갑이었지만, 갑처럼 행동하지 않으려고 노력했다. 단가 할인을 협상할 때도, 상대 업체로부터 부품 단가 인상 요청을 받을 때도 항상 예의바르게 행동하려 했다. 나보다 먼저 입사했다는 이유만으로 나를 개처럼 부려먹는 상사들을 반면교사 삼으며, 기분이 태도가 되지 말아야 하듯 직급을 무기로 쓰지 말자고 다짐했다.

IO

원래 내 꿈이 뭐였더라

과중한 업무와 인격 모독도 고통스러웠지만 유흥을 즐기거나
접대를 받는 자리에 자꾸 나를 참석시키려는 상사들의 권유를
거절하는 일도 여간 힘들지 않았다. 같은 동네에 사는 회사 선
배가 노래방에 가자고 처음 연락을 했을 땐 멋모르고 내가 자
주 가는 코인 노래방을 소개했지만, 선배가 원하는 노래방은 내
가 생각하는 노래방과 다른 곳이었다. 거래처 대표나 상사가 권
유하는 술자리를 거절해야 할 때는 신호대기 중인 차에서 무작
정 내리기도 했다.

수시로 무너지는 멘탈을 붙잡고 힘들게 일을 하면서도 나름의 성과를 얻을 수 있었다. 이곳에서 하는 개고생을 회사가 인정한다는 의미로 준 듯한 표창장, 구매 업무를 하면서도 이런저런 유혹에 넘어가지 않았다는 자긍심, 그리고 열심히 모은 월급으로 착실하게 불린 금융자산이 그것이었다.

수습 첫날부터 지금까지, 단 한 순간도 이곳이 내 평생직장이 되리라는 생각을 해본 적이 없다. 많은 직장인들이 퇴사할 것이라는 말을 입에 달고 산다. 그 말에 어느 정도의 진심이 담겨 있겠지만, 회사에서 곧 퇴사할 사람은 말이 아니라 눈빛이 먼저 달라진다는 사실을 깨닫기까지 오래 걸리지 않았다. 나도 마찬가지였다. 어느 순간부터 동기들 앞에서도 더 이상 퇴사라는 단어 자체를 언급하지 않았다.

이런 나의 변화를 가장 먼저 감지한 사람은 신기하게도 팀장이었다. 혹시 내 표정을 읽은 것인지 어느 순간부터 특별 관리를 시작했다. 점심시간에 밥을 혼자 먹고 사적인 대화는 물론 업무 관련 대화도 최소한으로 줄이기 시작한 나에게, 팀장은 동기들과 항상 밥을 같이 먹으라고 지시했다. 나는 점심을 굶는 것으로 반항했다.

백화점 상품권과 바퀴벌레가 들끓는 기숙사를 제외하고는 복지가 전무한 이곳에서도, 마음 맞는 동료를 한 명쯤 만날 수 있었던 건 행운이었다. 유일하게 마음을 터놓고 지내는 동료와 천안 외각으로 잠시 바람을 쐬러 나갔다가 기숙사로 돌아오던 길이었다. 지는 노을을 바라보며 잠시 감상에 젖은 우리는 어린 시절 꿈에 대한 이야기를 나누었다. 동료는 이 회사에 입사하는 게 꿈이었다는 농담을 했다. 나도 업무 중 제일 싫어하는 납기 확인을 하는 게 꿈이었다고, 그 꿈을 이루었다고 맞받아쳤다. 내가 납기 확인에 얼마나 치를 떠는지 알던 동료는 자동차가 흔들릴 정도로 크게 웃음을 터뜨렸다.

생각 없이 건넨 농담 한마디에 큰 소리로 웃는 동료를 보며, 순간 머리를 한 대 맞은 것 같았다. 이게 정말 내 꿈이었나? 말로는 힘들다 힘들다 하지만 혹시 나도 상사들처럼 이 회사에 점점 적응해가고 있는 건 아닐까 두려웠다. 반드시 조종사가 될 수 있다면 이곳에서 더 참고 버틸 수 있었다. 1년만 더 빨리 입사했어도 지금쯤 조종사 훈련에 필요한 최소한의 돈을 마련했을 것이다. 하지만, 생각보다 길고 잔인한 코로나 시국은 항공업계 취업 시장을 빙판처럼 얼려버렸다. 기존의 베테랑 직원들마저 해고되는 판국에 신입 공채가 있을 리 없었다.

사실 이즈음 나는 해외 취업을 결심하고 본격적으로 정보를 찾아보고 있었다. 유럽에서 취업을 하면 견문도 넓힐 수 있고 돈도 더 빨리 모을 수 있으리라 확신했다. 당장은 코로나19 여파로 항공업계 취업이 불투명한 상황이었지만 이럴 때가 오히려 취업을 준비하기에 좋은 시기가 아닐까? 유럽에서 착실히 경력을 쌓다가 코로나 상황이 안정되면 한국에 들어와 조종사 훈련을 시작할 계획이었다.

당연한 말이지만, 해외 취업을 알아보는 건 훨씬 어려웠다. 서유럽은 일자리 대비 취업 희망자가 너무 많았다. 정보 자체도 많지 않았다. 유럽 수출의 전진기지인 동유럽에 그나마 기회가 있었다. 상대적으로 인건비가 저렴해 국내 대기업 공장이 이곳에 많이 진출해 있었다. 폴란드와 슬로바키아에 있는 한국 회사 두 곳에 지원서를 제출했지만 면접은커녕 서류 전형에서 탈락했다. 코로나 기간 동안 취업을 못한 청년들이 너무 많았고 나보다 뛰어난 스펙을 갖춘 지원자들은 사방에 널려 있었다. 나에게 반드시 그 회사에 입사해야 하는 뚜렷한 동기가 없는 것도 사실이었다. 그래도 일단 직장을 다니고 있으니 취업 준비생일 때만큼 초조하진 않았다.

나는 남보다 딱히 잘하는 게 아무것도 없다고 생각하던 시절이 있었다. 공부도 못하고 대인관계도 원만한 편이 아니다. 계획을 세우고도 쉽게 포기하고 어느 것 하나 진득하게 할 줄 모른다. 하지만 20대 시절, 34개국을 여행하면서 발견한 재능이 있다. 산에서만큼은 못하는 게 없다는 점이다. 길을 잘 찾고 한 번 지나간 곳은 머릿속에 저절로 지도가 그려진다. 날다람쥐처럼 빠르게 정상까지 갈 수도 있고, 일행이 있다면 포터 역할도 잘 해낸다. 조종사가 되기 위해 갖추어야 할 여러 신체적, 정신적 조건이 있을 텐데 어쩌면 나에게도 그런 자질이 충분하지 않을까 하는 생각을 하게 해준 곳이 산이었다.

점점 번져가는 노을을 바라보면서, 잠시 잊고 있었던 나의 목표를 다시 한 번 떠올렸다. 내가 지금 여기서 뭐 하고 있는 거지? 1년 뒤에 내가 이 회사를 그만둘 수 있을까? 나라고 상사들처럼 백화점 상품권과 연봉에 중독되지 말라는 법이 있나? 상사들은 이 회사가 만족스러워서 10년이고 20년이고 눌러앉은 걸까? 내 미래가 저들처럼 되지 말라는 법이 있나?

정신이 번쩍 들었다. 나는 조종사가 되려고 이곳에 왔는데 그 사실을 잠시 잊고 있었다는 생각이 들었다. 아니다, 나는 조종사를 포기한 적이 없다. 나는 포기를 모르는 사람이다.

내
인
생
을 살
리
러 온

나
의 구
원
자,
G
Y
C

GYC는 우리나라 청년들의 해외 취업을 지원하는 국내 최고 프로그램으로, 해외 취업에 필요한 교육부터 현지 취업까지 전 과정을 서포트한다. 신한금융그룹이 후원하고 한국외대가 주최하는데 나는 GYC를 발견하는 순간 이것이야말로 나를 천안에서 구출해줄 삶의 동아줄이나 다름없다고 생각했다. 이 줄을 놓치지 않기 위해 필사적으로 노력했다. 온 정성을 다해 지원 서류를 작성했고, 서류 전형 결과가 나오기도 전에 면접을 준비했다.

　면접에서는 무엇보다 첫인상이 중요하다. 회사를 다닌 지

전세지옥

2년이 채 안 되는데, 2년 전에 찍은 사진과 거울 속 내 모습을 비교해보니 20년은 늙은 것 같았다. 초롱초롱하던 눈빛은 이미 다 사라졌다. 그뿐인가, 퀭하고 찌들고 비실대는 모습은 마치 아프리카의 최상위 포식자나 다름없는 상사들에게 언제쯤 잡아먹힐까 두려워하는 최하위층 초식동물 같았다. 우선 살을 빼기로 했다. 매일 저녁 한 끼만 먹고 수영을 했다. 아침저녁으로 수영을 두 번 할 때도 있었다. 그렇게 두 달 만에 7킬로그램을 감량했다.

면접일은 2021년 7월 5일로 잡혔다. 하루 전날 친구 결혼식에 참석한 뒤, 한국외대 근처에 있는 호텔방을 잡고 밤새 면접을 준비했다. GYC를 통해 해외 취업에 성공한 분들의 블로그 후기를 수없이 읽었던 터라. 면접 방식은 이미 파악하고 있었다. 여러 후기를 통해 역시나 면접관들의 마음을 사로잡을 가장 중요한 무기는 간절함이라는 것도 확인했다.

면접 당일, 20대 시절 내내 세계여행을 다닌 화려한 이력과 아홉 살 이후로 단 한 번도 잊은 적 없는 조종사의 꿈을 실현하는 첫 계단이 GYC라고 온몸으로 어필했다. 면접관들의 이목이 확 쏠리는 것이 느껴졌다. 면접자는 나를 포함해 총 세 명이었지만, 대부분의 질문이 나에게 쏠렸다. 가운데에 앉아 계셨던 GYC운영팀장님은 내가 마지막에 헝가리 역사에 대해 어설프게 설명하는 것을 들으시고, 나머지는 수업 때 배우자며 확실한 합격 시그널을 보내주셨다. 그때만 해도 온 세상이 내 편인 것 같았다. 나의 앞날을 가로막을 것은 세상에 아무것도 없는 듯했다.

이날을 생각하면 지금도 헛웃음이 나온다. 그 시각, 내 인생을 시궁창으로 처박아넣을 경매 통지서가 현관문 앞에 붙고 있는 줄도 모른 채, 세상을 다 가진 기분으로 면접장을 나섰다는 사실이 어이가 없어서. 내 앞에 무슨 일이 펼쳐질지도 모르면서 들뜬 마음으로 중국 음식과 연태고량주를 주문하던 내가 한심해서.

12

부동산 사장님, 나한테 왜 이러세요

2021년 7월 6일.

해가 뜨자마자 처음 리첸스 빌라를 소개해준 N 부동산 과장에게 연락을 했다. 그는 자신이 더 이상 부동산 일을 하지 않는다며 남 일 말하듯 태연하게 전화를 끊었다. 황당했다. 이 사람이 나에게 연락하지 않았다면 나는 리첸스 빌라라는 건물도 몰랐을 것이고 1004호에 입주하지도 않았을 텐데.

N 부동산 사장에게 연락했다. 그는 이전 건물주가 현 건물주에게 아직 받지 못한 1억 원이 잠시 문제가 되어 경매에 걸린

것뿐이라고 했다. 이 건물 가치가 70~80억 원에 달하니 건물주에게는 아주 적은 돈일 뿐이며, 곧 문제를 해결할 테니 안심하라고 했다. 문제가 해결되지 않아 설령 건물이 경매에 완전히 넘어가더라도 최우선변제금 1,700만 원은 확실히 받을 수 있고, 경매 후 배당금을 통해 전세금 전액을 돌려받을 수 있을 거라고도 했다.

사장은 N 부동산을 통해 계약한 사람이 나 외에도 한 명이 더 있다고 했다. 그 사람과 나의 계약서는 따로 보관해 특별 관리 중이라며, 문제가 해결되거나 새로운 정보가 들어오면 곧바로 연락하겠으니 기다리라고 나를 달랬다. 물론 그 후로 사장이 나에게 먼저 전화를 하거나, 내가 먼저 전화를 해서 캐물어도 나에게 추가 정보를 준 적은 없다.

나중에 알게 된 사실이지만 두 세대가 N 부동산을 통해 계약했다는 것은 거짓말이었다. 최소 여섯 세대가 N 부동산을 통해 계약했고 월세 계약까지 포함하면 더 많은 세대가 해당 부동산과 계약했을 것이다. 사장에게 크고 작은 사기를 당한 나 같은 세입자가 한둘이 아니었다. 내가 낸 중개수수료가 29만 원이었는데, 그 돈을 벌자고 공인중개사의 기본 덕목인 위험 안내의 의무를 다하지 않은 사장과 과장은 내 집이 경매에 넘어가고 내 인생이 나락으로 떨어진 것과 아무 상관없이 지금도 잘 먹고 잘살고 있을 것이다.

배당요구 신청서를 작성하기 위해 계약서의 확정일자를 다시 한 번 확인했다. 계약 당시 받은 공제증서도 소중하게 보관하고 있었다. 공인중개사가 별다른 부연 설명을 하지 않은 상태에서 계약했다가 사고가 터져도, 1억 원 내에서 공제를 받을 수 있다는 문서였다.

그런데 자세히 살펴보니 내가 받은 공제증서로는 공인중개사의 과실이 인정될 경우에만 공제를 받을 수 있었다. 당시 무료법률상담을 받으면서 알게 된 사실이지만, 집이 경매로 넘어가는 건 공인중개사의 과실이 아니라고 했다. 만에 하나 공인중개사의 과실이 인정되더라도 보상금 1억 원으로 계약금을 전액 공제받을 수 있는 게 아니었다. 공인중개사의 과실 정도에 따라 계약금의 일정 비율로 공제를 받는데, 그마저도 해당 부동산에서 피해를 입은 여러 세대가 최대 한도액인 1억 원을 나누는 식이었다. 물론 1억 원의 보상금마저도 다른 세대들이 이미 받아갔다면, 나에게 돌아올 몫은 없었다.

그토록 소중하게 보관해온 공제증서가 알고 보니 이면지에 불과했다. 2020년 계약 당시 부동산 사장은 등기부등본 뒷면에 이 집이 얼마나 안전한지 그림을 그려가며 설명해주었다. 당시 최우선변제금을 받을 수 있는 조건이 5,000만 원 이하 계약이니 5,800만 원으로 계약한 나는 최우선변제금을 받을 수 없었다. 그런데 사장은 마치 최우선변제금 1,700만원을 받을 수 있다는 식으로 열변을 토하며 설명했다. 이게 사기가 아니면 무엇이 사기일까?

군대에서 전역한 후 처음 핸드폰을 구입할 때였다. 대리점 사장은 계약서 뒷면에 더러운 글씨를 휘갈기며 알아듣기 힘든 용어로 빠르게 설명을 이어갔다. 부동산 계약 당시 공인중개사가 등기부등본 뒤에 지저분하게 써둔 숫자도 그것과 비슷했다.

그날, 나는 결제를 마친 후에야 통신사 계약은 2년이지만 핸드폰 단말기 계약은 3년이라는 것을 깨달았다. 계약을 취소할 수 있는 이의신청 기간은 가입 후 달랑 2주였고, 그 후에는 남은 계약 기간에 대한 위약금을 전액 지불해야 계약을 취소할 수 있었다. 다시 매장을 찾아갔더니 사장은 아무렇지 않다는 듯 일단 계약은 3년으로 하고, 2년 뒤에 자동 해지해주겠다고 말했다. 2년 뒤 당연히 계약은 자동 해지되지 않았다. 매장을 찾아가자 이달 말에 계약을 해지하겠다고 말했다. 하지만 다음 달에도 계약은 해지되지 않았고, 매장에 찾아가 경찰을 부르겠다고 소리를 지르니 그제야 계약을 해지해주었다.

나보다 먼저 전세를 얻었던 동기 한 명도 집이 경매에 넘어갔다고 했다. 동기는 나와 다른 건물에 살았는데, 알고 보니 건물주가 같았다. 불행 중 다행으로 동기의 전세계약금은 5,000만 원이었다. 소액 임차인 기준에 부합한 덕분에 최우선변제금 1,700만 원을 받을 수 있었다. 지금은 연락이 끊긴 동기가 행복하게 살고 있기를 기도한다.

이 나라는 왜 이렇게 사기꾼들에게 관대할까? 어느 법도 그들에게 제지를 가할 수 없다고 생각하면 속이 쓰려온다. 대한민국의 전세 제도, 공인중개사에 관한 법령을 이제는 싹 다 갈아엎을 때가 되었다고 생각한다. 칼만 들지 않았을 뿐 경제적 살인이나 마찬가지인 범죄에, 왜 이렇게 처벌이 약할까? 역시나 권선징악은 드라마에서나 가능한 결말이다.

금액이 같아도 돈의 가치는 하늘과 땅만큼 다르다는 사실을 이 일을 겪으며 절감했다. 대학생이 최저시급으로 받는 아르바이트 수당, 물류센터나 건설 현장에서 하루 종일 땀 흘린 대가로 받는 일당, 야근에 주말 근무도 기꺼이 하며 받는 월급은 너무나 소중해서 쉽게 쓰기 힘들다. 주식이나 부동산 투자로 벌어들인 수익금, 상속금, 월세 같은 불로소득, 도박이나 사기 같은 불법 행위로 벌어들인 돈과 어떻게 같을 수 있을까? 내 전세금 5,800만 원은 그냥 5,800만 원이 아니다. 가진 자들 입장에서는 껌 값이겠지만 나에게는 미래와 꿈과 지금까지 흘린 땀 그 자체였다. 전세 사기로 잃든 보이스 피싱으로 날리든, 인생 공부한 셈치고 잊어버릴 수 있는 금액이 아니었다.

아니, 좀 더 솔직하게 말하자면 나는 이때까지도 내 돈을 곧 돌려받을 수 있을 거라 믿었다. 일단 부동산 사장이 내 연락을 받으니까. 잠수를 타지 않았으니까. 괜찮다고, 해결될 거라고 말하니까. 자식 사진을 카카오톡 프로필 사진으로 내걸고 영업하는 부동산 사장을, 나는 끝까지 믿고 싶었다. 인류애를 저버리고 싶지 않았다.

13

아
무
튼,
퇴
사

2021년 7월 9일은 GYC 면접 결과 발표일이었다. 경매 통보서 때문에 마음이 불안한 것과 별개로, 조금은 들떠 있었다. 합격은 뻔한 결과여서 오히려 별 생각이 없었고, 퇴사하겠다고 말하는 그 통쾌한 순간이 기대되었다. 발표는 오후 두 시였지만, 미리 사직서를 작성했다. 홈페이지에서 결과를 확인하자마자 담당자에게 전화를 걸어 확답을 받고, 곧바로 사수에게 면담을 요청했다.

며칠 전까지만 해도 술을 사주며 너는 이곳에서 오래 버틸 것 같다고 말했던 사수는 아무 미련이 없다는 듯 그저 잘 살라고 했다. 파트장은 어느 정도 예상하고 있었는지 여전히 관심이 없어 보였고, 팀장은 나를 붙잡았다. 팀장이 사직서를 처리해주지 않아 몇 번이나 퇴사 의사를 밝히고도 아직 회사를 다니는 선배들이 있었다. 나는 칼같이 거절했다.

그날 이후로 회사에서 '다나까'로 말하지 않았다. 상대가 누구든 '요'로 대답했다. 전날까지만 해도 상사들과 눈을 맞추는 것조차 힘들었는데, 그들의 직급에 관심이 사라지자 상대편에서 먼저 나를 슬슬 피했다. 내심 O책임이 시비를 걸어주기를 바랐지만 아쉽게도 그런 일은 없었다.

퇴사 날. 사무실에서 쓰던 물건 대부분을 쓰레기통에 버렸다. 기숙사에서 전셋집으로 이사할 때 딸려 왔던 바퀴벌레처럼, 회사의 나쁜 기운이 내 물건에 모두 배어 있을까 봐 겁이 났다. 선배 두 명의 배웅을 받으며 사무실을 나서자마자 카카오톡 프로필 사진을 바꾸었다. 직장인들 사이에서 유명한 바로 그 사진이었다. '안녕히 계세요, 선배들. 저는 이 세상의 모든 굴레와 속박을 벗어던지고 제 행복을 찾아 떠납니다!'

무척이나 홀가분했다. 2년간 회사의 아주 작은 톱니바퀴로 존재하다가 인간 최지수로 다시 돌아온 기분이었다. 마음 같아서는 회사를 벗어난 것처럼 천안 자체를 완전히 떠나고 싶었으

전세지옥

나, 집 문제를 해결하기 전까지는 그럴 수가 없었다. 그래도, 일
단 퇴사한 것만으로도 마음의 짐이 어느 정도 덜어지는 기분이
었다.

14

태
어
나　처
음
으
로
정
신
건
강
의
학
과
를　찾
았
다

알람을 꺼두고 실컷 늦잠을 잤다. 주말엔 종종 늦잠을 자는 경우가 있었지만 이번만큼은 기분이 달랐다. 해가 중천에 뜨고서야 일어나니 주말인데도 퇴사를 했다는 게 실감이 났다. 그동안 쌓인 피로도 상당했지만, 무엇보다 며칠 전 받은 경매 통보서 때문에 마음이 심란했다. 마음 같아선 아무 생각도 하지 않고 그저 누워 있고 싶었지만 그럴 순 없었다. 당장 다음 주부터 GYC 교육이 시작되었기 때문에 주말 동안이라도 우리 집에 무슨 문제가 생긴 건지 확인해야 했다.

사실 퇴사를 결정한 시점에 집이 경매에 넘어간 상황이라, 퇴사를 미루어야 할지 많이 고민했다. 하지만 나는 믿는 구석이 있었다. 아직 전세자금 대출 기한이 1년 남았고 내가 가진 금융자산에 퇴직금과 연차 보상금 500만 원을 더하면 얼추 전세대출금 4,640만 원 근처에 갈 정도로는 모아둔 상태였다. 가장 중요하게는 부동산 사장이 해준 말, 건물주에게 1억 원은 큰돈이 아니니 잘 해결될 것이라는 말을 철썩같이 믿고 있었다. 부동산 계약 관련 서류도 여전히 소중하게 보관했다. 가끔 용역업체 사람들이 찾아와 집에서 쫓겨나는 악몽을 꾸면 서류를 꺼내 살펴보았다. 계약서에는 확정일자가 선명하게 찍혀 있었다.

하루는 시간을 내어 대전지방법원 천안지원 경매4계로 향했다. 경매 통지서에서 공지한 대로 배당요구 종기일이 되기 전에 배당요구 신청서를 제출하기 위해서였다. 주민등록등본과 임대차계약서 사본을 준비했다. 나에게는 전셋집에 대한 권리와 배당을 신청하는 중요한 일이었지만 담당자에게는 수많은 서류 업무 중 하나일 뿐이었다.

"이전 이력을 봤을 때 배당을 받을 수 있을까요?"

"변수가 워낙 많아서 대답해드릴 수가 없네요."

"1억 때문에 건물이 통째로 넘어가게 생겼는데, 그럼 경매 신청이 취소될 수도 있지 않나요?"

"그건 건물주와 채권자에게 물어보세요."

원하는 답변을 받을 수 없을 것이라 짐작하면서도 간절한 마음에 거듭 질문했지만, 역시나 내가 들을 수 있는 유의미한 대답은 없었다.

만약 이 문제가 해결되지 않아 경매가 진행될 경우를 대비해 나름 계산도 해보았다. 2021년 7월만 해도 부동산 경기가 하락하기 전이었다. 건물 감정평가액을 75억 원으로 가정하고 평가액 대비 25퍼센트 낮은 55억 원 정도에 낙찰되지 않을까 짐작했다. 근저당 33억 원을 제외한 22억 원을 총 72세대 중 월세 가구를 뺀 36채가 나눠 받는다면, 내 순위가 20위쯤 된다 해도 별다른 문제없이 돈을 돌려받을 수 있을 것이라 생각했다. 아니, 이렇게 생각해야만 내 마음이 편했다.

당장 출근을 하지 않으니 생각할 시간이 많아졌다. 하지만 어떤 생각을 해도 기분이 가라앉을 수밖에 없었다. 회사에서 갖은 수모와 모욕을 당하며 번 돈, 내 꿈을 위해 써야 할 소중한 돈이 건물주와 채권자 사이의 담보물이 되어 떠다니고 있었다. 한번 만져보지도 못한 내 월급이 언제 어떻게 신기루처럼 사라질지 두려웠다.

인류애를 죄다 상실한 이 타이밍에, 친구에게서 연락이 왔다. 평소답지 않게 다정한 목소리로 근황을 묻더니 아니나 다를까 돈을 좀 빌려달라고 했다. 그다지 큰 액수도 아니었고 수중에 현금도 충분했지만 당시 나는 아무도 믿을 수 없었고, 그 누구와도 대화하고 싶지 않았다. 혼자만의 세계에 빠져 지내다 보니 생각이 많아질수록 스트레스가 심해졌고 결국 내 의지와 상관없이 심장이 빨리 뛰어 견디기 힘들 정도가 되었다.

일단 약물의 도움을 받기로 했다. 인터넷을 검색해보니 천왕보심단이 우울감을 줄이는 데 도움이 되고 장기복용을 해도 괜찮다고 해서 약국에서 사다 먹었다. 그런데 하루 이틀 정도는 효과가 있는 듯했지만 지속되지는 않았다. 참고 버티면 언젠가는 나아졌겠지만 지금 당장이 너무 괴로워 이 고통을 멈추고 싶었다.

결국 난생처음 정신건강의학과를 찾아갔다. 나 같은 사람을 수백, 수천 명은 진단했을 의사는 정작 병원에 와야 하는 사람은 안 오고, 그들에게 상처받은 사람들만 병원을 찾는다고 말해주었다. 나는 2년간 회사에서 경험했던 일과 집이 경매로 넘어간 사연을 10분 정도 설명했다. 의사는 특별한 병명이나 진단 결과를 알려주진 않았지만 지금 이런 증상이 나타나는 이유는 내가 뭔가를 잘못해서가 아니라고 말해주었다. 내가 비정상이 아니라는 얘기를 듣는데, 그 한마디만으로도 충분히 위로받는 느낌이었다.

진료가 끝나고 처방전을 받았다. 처음 보는 생소한 약이 여럿 적혀 있었다. 아침에는 노란 약 한 알과 흰색 약 반 알, 저녁에는 초록색과 누룽지색이 섞인 캡슐 한 알과 흰색 약 한 알, 분홍색 약 반 알을 먹었다.

퇴사를 하면 홀가분할 줄 알았다. 나는 분명 더 나은 길을 선택했고 자발적으로 퇴사를 했다. 그런데도 마치 회사 생활에 실패해 해고라도 당한 것처럼 종종 자괴감이 들었다. 이 집에 입주하지만 않았다면 지금쯤 홀가분하게 새로운 시작을 준비할 수 있었겠지.

15

경
매
는

경
매
,

교
육
은

교
육

사람들이 왜 우울증을 마음의 감기라고 하는지 알 것 같았다. 정신건강의학과 약을 먹는 데 대한 부담감이 없지 않았지만, 약을 먹으니 심장 떨림이나 불안, 우울감 같은 증상이 점점 완화되는 게 느껴졌다. 회사에 대한 나쁜 기억도 빠르게 잊을 수 있었다.

하지만 경매로 넘어간 집 문제는 여전히 해결된 부분이 없었기 때문에 전세금과 미래에 대한 걱정과 두려움을 완전히 없앨 수는 없었다. 건물주에게는 틈만 나면 전화를 걸었다. 핸드폰은 항상 켜져 있었고 신호도 갔지만, 내 전화를 받은 적은 한 번도 없었다. 문자를 보내도 묵묵부답이었다. 온갖 욕설과 고소를 언급하는 내용을 한가득 적었지만 건물주와 세입자의 위치를 생각하니 차마 보내기 버튼을 누를 수 없어서 지웠다. 대신 장문의 문자를 보내 제발 한 번만 만나자고 했다. 그냥 어쩌다 상황이 이렇게 되었는지 설명을 듣고 싶었다. 실행에 옮기진 않았지만 건물주가 산다는 남양주의 주소지로 직접 찾아갈 생각까지 했다.

이즈음 하루가 멀다 하고 법무사, 변호사 사무소로부터 우편물이 왔다. 광고 스티커도 현관문 앞에 붙었다. 무료법률상담이라고 되어 있어 전화를 걸었더니 역시나 10만 원을 내야 상담을 해줄 수 있다고 설명했다. 그 돈도 아까웠던 내가 할 수 있는 일은 혼자 인터넷 검색을 통해 이런저런 정보를 찾아보는 것뿐이었다. 하지만 내가 검색해서 알아낼 수 있는 정보라고는, 나와 비슷한 일을 당한 사람들 중 어떤 사람들은 배당을 받았고 어떤 사람들은 배당을 받지 못했다는 것을 확인하는 수준에 불과했다. 배당을 받았다는 글을 읽을 땐 안도하고 배당을 받지 못했다는 글을 읽을 땐 불안해하는 것이 당시의 내가 할 수 있는 전부였다.

N 부동산 사장이 하는 말은 항상 똑같았다. 문제없을 것이

다. 문제가 생기더라도 최우선변제금을 받을 수 있다. 경매도 잘 진행될 것이다. 마지막에 덧붙이는 말도 매번 동일했다. 지금은 아는 것이 없지만 정부가 입수되면 바로 연락하겠다.

내가 할 수 있는 일은 기도밖에 없었다. 다시 힘을 내어 오늘 하루를 최선을 다해 살아가고 싶었다. 하루 빨리 마음의 상처를 치유하고 빛나는 미래를 상상하며 남들처럼 정상적인 삶을 영위하고 싶었다.

이 시기에 그나마 내 멘탈을 지켜준 것은 GYC 교육이었다. 집이 경매에 넘어갔다고 해서 하루 종일 넋이 나간 채 울고 있을 수만은 없어서 더 열심히 교육에 참여했다. 집 문제는 어떤 식으로라도 잘 해결되리라 믿고, 나는 내가 할 수 있는 일을 해야 했다. 퇴사를 한 이유가 GYC 합격 때문이었기 때문에 참가 자체를 취소할 수도 없었다.

이 교육은 한국외대 용인캠퍼스에서 진행되었기 때문에 싫든 좋든 다른 사람들과 어울릴 수밖에 없었다. 내 기숙사는 북향이었고 바로 앞에 산이 있어서 하루 종일 해가 들지 않았다. 주말이면 아무것도 못하고 무기력하게 누워 있었다. 가끔 함께 교육을 받는 동기들이 산책을 하자며 방문을 두드렸지만, 사람들과 어울릴 정도로 마음의 준비가 되어 있지 않아 번번이 거절했다.

하루는 더 이상 거절하기가 미안해서 캠퍼스 내 호숫가에서 몇몇 동기와 밤이 될 때까지 대화를 나누었다. 그때 처음 알았다. 누군가와 자연스레 대화를 나눈다는 게 이렇게 서툴고 어색할 수도 있다는 사실을. 마지막으로 사람들과 편안하게 대화를 나누었던 게 언제였는지 까마득할 정도였다. 전세 계약서에 날인 한번 잘못한 대가가 이렇게 혹독할 수 있구나.

헝가리어를 가르쳐주시는 중년의 교수님은 참 멋진 분이었다. 목소리는 버터처럼 부드러웠고 눈빛은 그윽했다. 나보다 훨씬 어른이신데도 교수님과 함께 있으면 학문과 세상에 대한 호기심이 가득한 대학생을 보는 듯했다. 헝가리어를 정말 쉽게 가르쳐주시는 건 물론, 때로는 헝가리나 유럽 특유의 낭만적인 라이프 스타일을 자주 들려주셔서 모두가 교수님의 수업을 좋아했다.

내가 유독 교수님을 좋아했던 이유는, 비슷한 내용을 백 번 질문해도 백 번 모두 친절하게 답변해주셨기 때문이다. 문법을 이해하지 못해도, 발음이 어설퍼도 교수님은 늘 웃으며 설명해주셨다. 핀잔을 주거나, 무시하거나, 윽박지르지 않으셨다.

회사 생활을 할 때는 상사에게 같은 질문을 두 번 이상 하면 안 되었다. 나는 그 부분이 특히 힘들었다. 일을 하다 보면 온갖 문제가 생기게 마련인데, 상사가 어떻게 설명하든 한 번 만에 알아듣고 완벽하게 이해해야 했다. 전문 용어를, 회사 방침을,

업무 프로세스를 이미 다 아는 사람이 본인의 입장에서 적당히 설명해주는 내용을 어떻게 신입이 단번에 이해할 수 있다고.

전셋집을 구할 때도 마찬가지였다. 나름 인터넷으로 찾아보고 주변에도 물어보며 정보를 모았지만, 찾아도 찾아도 끝이 없었다. 용어는 낯설고 공인중개사들이 하는 말은 다 달랐다. 언론도 유튜브 채널 속 전문가들이 하는 말도 다 달랐다. 한쪽에서는 전세가 위험하다 하고, 한쪽에서는 월세로 살면 절대 돈을 못 모은다고 했다. 궁금해서 몇 마디 더 물어볼라치면 스스로 알아서 결정하라고 했다.

입사도, 퇴사도, 기숙사를 선택한 것도, 전셋집을 얻은 것도 모두 내가 선택하고 결정한 일이었다. 알아볼 수 있는 모든 정보를 알아보고 신중하게 판단했지만 전셋집은 경매에 넘어갔고 내 멘탈은 망가졌다. 그럼, 내 인생이 이렇게 된 건 모두 내 잘못인가? 이미 여러 사람에게 사기를 치고도 부동산 사무실을 계속 운영 중인 N 사장에겐 아무 책임이 없나? 공인중개사가 아닌데도 부동산에서 일하며 나에게 리첸스 1004호를 소개한 과장은? 부하직원이라는 이유로 야근을 떠넘기고 매일같이 인신공격성 발언을 일삼던 O 책임은? 억울하고 분하다. 세상은 왜 사회 초년생에게, 고급 정보를 잘 모르는 사람에게 이렇게 잔인한 걸까? 하지만 신세 한탄을 한다고 달라지는 것은 아무것도 없었다.

솔직히 이 시기에 헝가리 취업 준비와 GYC 프로그램을 포기해야 할지 심각하게 고민했다. 이미 4개월간 교육을 받았고 몇몇 동기는 벌써 헝가리 회사에 합격한 상태였다. 나 또한 프로그램을 잘 이수하면 얼마든지 해외 취업에 성공할 수 있다는 확신이 있었다. 한국에 남는다 해도 경매에 참여할 돈이 없었고 경매를 중단시키기 위해 내가 딱히 무언가를 할 수 있는 상황도 아니었다. 개인 사정으로 GYC 프로그램에서 중도 퇴소하면 지금까지 받은 수업료와 생활비 전액을 반환해야 한다는 규정도 부담스러웠다.

때마침 헝가리에 진출한 한국 기업 다섯 곳에 입사지원서를 제출할 기회가 있었고, 그중 세 곳으로부터 합격 통보를 받았다. 그렇게 바랐던 해외 취업에 성공한 건 기쁜 일이었지만, 집 문제를 내팽개치고 출국하는 게 과연 옳은 선택인지 또 고민이었다. 나는 고심 끝에 GYC에 합격해 전셋집을 정리했다고, 곧 헝가리로 출국한다고 부모님께 선의의 거짓말을 했다.

2021년 12월에 동기들과 함께 헝가리로 떠나는 일정이 확정되자, 기다렸다는 듯 경매 상황도 빠르게 진행되었다. 먼저, 채권자인 이전 건물주가 경매를 중지했다. 채권자가 경매를 취소하면 곧 집을 팔 수 있을 거라 기대했지만, 이내 근저당을 가진 저축은행에서 다시 경매를 걸었다. 또다시 경매 통지서가 날

아왔고, 배당요구 신청도 다시 해야 했다.

시간이 많이 흐른 지금도 나는 이 부분을 이해할 수 없다. 어느 기관에 문의해도 답변을 들을 수 없고, 경매가 끝난 지금까지도 아무 정보를 얻을 수 없다는 사실에 화가 난다. 저축은행은 왜 대출 만기가 도래하지 않은 건물주에게 경매를 건 것일까? 아니면 대출 기간 중이라도 신용등급이 떨어진다면 경매를 걸 수 있는 것인가? 해당 저축은행에 문의를 해도 개인정보여서 알려줄 수 없다고 했다. 이즈음 내가 리첸스 빌라와 관련해 새롭게 얻은 정보는, 건물주의 남편이 또 다른 사기 혐의로 교도소에 이미 수감되었다는 내용뿐이었다.

스스로 해결하지 못한 숙제를 한국에 남겨둔 채 캐리어보다 더 무거운 마음의 짐을 지고 헝가리로 떠날 준비를 한다는 것이 착잡했다. 일단 해외에서 전화 통화가 어려워질 경우를 대비해 일부러 부동산 사장에게 카카오톡으로 연락을 해두었다. 경매 상황은 대한민국법원 법원경매정보 사이트를 통해 실시간으로 확인할 수 있었다. 가장 마지막까지 남은 고민은 역시나 부모님이 내 문제로 걱정하시지 않는 것이었다.

16

헝가리에서도 세입자는 을이더라

헝가리 부다페스트의 집값도 서울 못지않았다. 도심의 경우 월세가 80만 원에 달했다. 금전 압박이 심하다 보니 GYC에서 함께 교육을 받은 동생과 함께 살기로 했다. 서로 다른 점이 많았지만 함께 있으면 즐거운 동생이었다. 회사는 달랐지만 휴가 일정을 맞춰 여행도 함께 다녔다.

하지만 형, 동생으로 친하게 지내는 것과 같이 사는 것은 다른 문제였다. 깔끔한 동생은 내가 집을 너무 더럽게 쓴다며 힘들어했고, 사소한 언쟁은 자주 큰 갈등으로 번졌다. 동생은 자신이 방을 구했으니 나에게 나가라 했고, 나는 그동안 돈을 같이 냈으니 불만이 있는 사람이 나가라고 화를 냈다. 전 세계 어딜 가도 자기 집이 없는 사람은 서러울 수밖에 없다는 생각이 들었다.

그 길로 동생은 임시 숙소를 잡고 집을 구하러 다니더니, 며칠 후 돌아와서 펑펑 울었다. 집을 구하다가 1개월치 월세 계약금을 두 번이나 날렸다고 했다. 당시 우크라이나-러시아 전쟁의 영향으로 우크라이나 접경국인 헝가리에는 하루가 멀다 하고 전쟁 난민이 밀려들었다. 월셋집을 구하기가 점점 힘들어졌고, 괜찮은 집은 나오자마자 계약이 되었다. 그래서 동생은 맘에 드는 집을 찾자마자 집주인에게 계약금을 건넸다.

당시 헝가리는 집값 외에 가스비와 전기세도 예년에 비해 적게는 두 배에서 심하게는 열 배까지 올라 있었다. 러시아에서 천연가스 공급을 중단한 결과였다. 불안정한 정세가 지속되면서 헝가리 화폐인 포린트의 환율은 매일 하락하고 있었다. 헝가리는 EU 가입국이지만 독자적인 통화 포린트를 사용한다. 동생은 계약금을 입금하고 나서야 임대 계약서를 살펴볼 수 있었는데, 그제야 월세와 관리비가 유로에 대한 포린트 환율에 따라 변동된다는 조항을 발견했다. 한마디로 포린트 계약이 아닌 유로 계약과 다를 바 없는 셈이었다. 포린트화의 가치가 전쟁 이

전과 비교했을 때 이미 25퍼센트가량 떨어진 상황에서 포린트화로 월급을 받는 우리에게는 치명적인 조건일 수밖에 없었다. 시간은 흐르고 괜찮은 집은 부족하다 보니 다급한 마음에 똑같은 실수를 연달아 두 번이나 한 셈인데, 첫 번째는 그렇다 쳐도 두 번째에도 성급하게 일을 진행하려다 똑같은 방식으로 당했다는 생각에 동생은 스스로를 탓하며 한없이 힘들어했다.

당연한 결과였겠지만, 두 집주인은 아무것도 모르는 청년 외국인에게 계약금을 돌려주지 않았다. 남 일 같지 않았다. 나는 그 심정을 누구보다 잘 알고 있었으니까. 동생에게 약간의 돈을 빌려주면서 누군가에게 처음으로 나 역시 한국에서 전세 사기를 당해 지금 경매가 진행 중이라고 이야기해주었다. 헝가리에서 지내는 동안 최대한 전셋집 생각을 하지 않으려 했지만, 동생과 대화하는 과정에서 자연스레 잊고 있던 기억이 떠올랐다. 동생이 잃은 140만 원은 분명 적지 않은 금액이지만, 큰 교훈을 얻었다 생각하고 앞으로는 잘 처신하라고 말해주었다.

하지만 이런 말을 해주면서도 한편으로는 씁쓸했다. 140만 원을 잃은 대가로 훗날 나처럼 인생이 꼬이는 실수를 하지 않을 수 있다면, 140만 원을 수업료라고 생각해야 하나? 그럼 청년 외국인의 다급한 사정을 이용해 140만 원을 가져간 두 집주인에게 동생은 고마워해야 하나? 나에게 리첸스 1004호를 계약하라고 부추겼던 부동산 사장과 집주인에게도 같은 마음을 가져야 하나? 그럼 세상에 넘쳐나는 그 많은 사기꾼들은 모두 인생 스승으로 삼아야 하나?

그날 밤, 일주일 만에 140만 원을 잃은 동생은 조만간 5,800만 원을 통째로 날릴지도 모르는 나를 위로해주었다.

17

매
달
3
0
0
만
원
을
갚
아
야
하
는
빚
쟁
이
가
되
다

2022년 7월 18일.

"지수야, 잘 지내지? 근데 은행에서 전화가 왔다. 너랑 연락이
안 된다는데 무슨 일이니? 너, 전셋집 빼고 헝가리로 간 거 아
니었어?"

부모님에게서 연락이 왔다. 전세금 반환과 관련해 나와 연락
이 닿지 않자 은행에서 부모님께 연락한 것이었다. 하는 수 없
이 그동안 있었던 일을 사실대로 말씀드릴 수밖에 없었다. 전셋
집이 경매에 넘어가 현재 일이 진행되고 있으며, 2020년 7월

은행에서 대출받은 4,650만 원은 2년 만기가 도래해 곧 반환해야 했다.

부모님께 내 상황을 아주 구체적으로 알리지는 않았기 때문에 내가 갚아야 하는 돈이 어느 정도인지는 모르셨다. 힘들면 조금 도와주겠다고 하셨지만 나는 거절했다. 내가 정의하는 어른은 자기 잘못에 스스로 책임을 지는 사람이다. 전세 사기를 당한 것은 전적으로 내 무지함 때문이니, 스스로 해결해야 마땅했다. 감사하지만 괜찮다고, 헝가리에서 일하면서 모은 돈으로 다 갚을 수 있으니 내가 직접 은행에 연락하겠다고 거짓말을 했다.

솔직히 이때도 막연히 잘 해결될 것이라고 생각했다. 어느 날 갑자기 부동산 사장에게서 '건물주가 빚을 청산했고 문제가 다 해결되었으니 전셋집을 팔아도 된다'라는 문자를 받을 것이라 기대했다. 하지만 헛된 희망을 품은 채 헝가리에서 애써 외면해온 현실을, 이제는 정면으로 마주해야 했다.

부모님께 받은 담당 직원의 연락처로 전화를 걸었다. 핸드폰 요금이 너무 비싸서 국제전화를 할 수는 없었다. 어쩔 수 없이 회사 유선전화를 이용했는데, 그 와중에도 동료들이 통화 내용을 듣는 것이 부담스러워 최대한 작은 목소리로 말했다. 통화 품질이 좋지 않다 보니 은행 직원은 잘 안 들린다고, 좀 크게 말해달라고 했다. 하는 수 없이 다른 직원들이 있는 자리에서 전세금, 사기, 경매, 대출, 연체 같은 단어를 언급할 수밖에 없었다. 마치 모두가 지켜보는 앞에서 알몸으로 인격모독을 당하는 기분이었다. 수치스럽고 비참한 기분이 들었고, 그보다 나 자신에게 환멸이 났다. 에라, 모르겠다 하는 심정으로 한국에서의 삶을 죄다 잊어버리고 싶었다. 한국에서 신용불량자가 되든 개인회생을 신청하든, 아무 생각 없이 이곳에 눌러앉고만 싶었다. 하지만 한국에 가족이 있고 남겨둔 꿈이 있는 이상 그런 무책임한 결정을 내릴 수는 없었다.

대출 기간을 연장할 수 있는지 문의했더니 전세 보증을 받을 수 없으면 대출 연장이 되지 않는다고 했다. 설령 다른 대출을 받더라도 은행 창구에 직접 와서 신청해야 한다고 했다.

주식 계좌를 확인했다. 언젠가 조종사 훈련을 받을 때 쓰기 위해 월급을 차곡차곡 모아 한 주 한 주씩 매수한 계좌였다. 2021년 12월 고점에서 평가된 총 자산은 4,650만 원보다 높았지만 우크라이나 전쟁의 영향으로 모든 종목이 고점 대비 20~30퍼센트 하락해 있었다. 눈물을 삼키며 많이 떨어지지 않은 일부 종목을 매도했다.

나머지는 대출을 받아야 했다. 은행 대출을 받고 싶었지만 나는 한국에서는 아무 소득도 잡히지 않는 무직 상태였고, 대출

심사를 신청하려면 직접 창구까지 가야 했다. 대신 주거래 은행의 카드론은 클릭만 몇 번 하면 쉽게 받을 수 있었다. 이미 잘못된 계약으로 전세 사기를 당한 터라 카드론 약관을 꼼꼼히 확인하고 싶었지만, 수백 장에 달하는 약관을 핸드폰으로 확인하는 것은 사실상 불가능했다.

카드론 연이자율은 10.6퍼센트였다. 이자율에 놀라 부모님께 손을 벌릴까도 고민했지만, 두 분에게도 주택담보대출이 남아 있었다. 이미 심적으로 내 짐을 함께 짊어지고 계신데 내 빚까지 나눠 갚자는 불효를 저지르기 싫었다. 주식도 어느 정도 남아 있었고 나 하나만 힘들면 충분한 상황이었다. 여전히 경매문제가 잘 해결되리라 믿었고, 설령 일이 안 풀린다 해도 최우선변제금 1,700만원을 받아 빚을 어느 정도 해결하면 된다고 생각했다.

카드론으로 3,300만 원을 대출받고 다음 달부터 이자와 원금을 포함해 매달 300만 원씩 1년 동안 열두 번에 걸쳐 상환하기로 했다. 이자만 330만 원이 넘었다. 330만 원이면 천안의 1년치 월세에 해당한다. 월세 30만 원을 아끼자고 전세를 선택했던 과거의 나를 한없이 원망했다.

드디어 나는 매달 300만 원의 카드론 빚을 갚아야 하는 공식 빚쟁이가 되었다. 사업을 하다가 실패했거나, 조종사 훈련을 받다가 재능이 부족해 결국 꿈을 이루지 못한 채 빚을 졌다면 덜 억울했을 것이다. 나는 사람을 죽이거나 음주운전을 하거나 누군가를 폭행하지 않았다. 단지 전세 제도의 빈틈을 잘 알지 못해 사기를 당했고, 그 대가로 1년 동안 스스로 카드사의 족쇄를 차는 형벌을 감당하기로 했다.

누군가 나에게 인생의 전성기가 언제냐고 묻는다면 한 치의 망설임도 없이 헝가리에서 보낸 1년 4개월이라고 대답할 것이다. 헝가리 법인에 직접 채용되는 현지 채용이긴 하지만 굴지의 대기업에 들어갔고, 부모님은 친인척들에게 나를 자랑하셨다. 내가 맡은 업무는 중남부 유럽 9개 국가의 담당자들과 소통하며 제품 수요를 파악하고, 해당 물량을 한국 본사에 요청해 각 국가로 공급하는 일이었다. 스스로 자부심을 느끼기에 충분할 만큼 비중 있는 일이었다. 저마다의 개성을 지닌 사람들과 유럽의 주요 도시를 여행하며 무지개처럼 빛나는 젊음을 만끽하기도 했다. 집 문제만 없었다면 나는 그곳에서 1년 더 일하며 조종사 훈련비를 모았을 것이다.

하지만 나는 유럽에서 자유롭게 일하며 청춘을 즐길 자격이 없었다. 내가 저지른 잘못을 내 손으로 해결해야 했다. 설상가상으로 포린트의 국제 환율은 계속 떨어져, 내 월급은 200만 원을 겨우 넘는 수준이 되었다.

한국의 부동산 경기가 점점 악화되면서 리첸스 빌라 경매가 잘 이루어지지 않자 저축은행이 제3금융권으로 채권을 양도했고, 제3금융권은 각 호실별 경매로 변경해 재신청했다는 소식이 들려왔다. 채권을 양도하는 이유는 만약 부실 채권일 경우 채권 액면가보다 낮은 가격에 판매하기 위해서라고 했다. 이 말은 건물의 경매 배당금이 근저당에 미치지 못할 수도 있다는 의미였다. 이즈음부터 여러 경기 지표를 바탕으로 한, 근거 있는 불안감이 엄습해오기 시작했다.

더 이상 고민할 필요가 없었다. 여기서 헝가리 생활을 정리하고 한국으로 돌아가기로 했다. 다만, 헝가리에서 만난 소중한 연인과의 관계를 정리해야 하는 상황만큼은 마지막까지 가슴이 아팠다. 한때 그녀와 미래를 이야기하기도 했지만, 나의 불확실하고 위험 가득한 내일에 그녀까지 끌어들이고 싶지 않았다. 나는 빚쟁이가 되었고, 나와 비슷한 처지에 놓인 다른 청년들처럼 결혼은 물론 연애까지 포기하기로 했다.

18

헝가리에서 서서히 망가지다

헝가리 회사는 2022년 12월 31일자로 퇴사 처리가 되었지만 자리 정리는 12월 24일에 모두 마쳤다. 크리스마스부터 새해까지 긴 연휴가 시작되었기 때문이다. 천안에서 이미 경험한 덕분인지 퇴사하는 것 자체만으로는 별다른 감정이 없었다.

지난번 퇴사 때는 경매 통지서 때문에 마음이 심란했지만, 어찌되었든 해외 취업이라는 더 넓은 세상을 향해 도전한다는 의미가 컸기에 조금은 설렜던 게 사실이었다. 하지만 이번 퇴사는 내 인생의 전성기나 다름없는 유럽에서의 생활을 포기하고 내 계획에 전혀 없었던 가시밭길을 걷기 위한 결정이었다. 어쩔 수 없는 선택지를 앞에 두고 억울한 마음이 컸던 탓에 피눈물이 흐르는 심정이었다.

불행 중 다행으로 경매가 잘 진행되어 전세금 전액을 돌려받는다면 곧바로 조종사 훈련을 시작하겠다고 다짐했다. 부족한 비용은 훈련을 하면서 충당하고, 나머지는 은행 대출을 받는 방법도 생각했다. 하지만 최악의 상황이 생기면 어떻게 대비해야 할지도 고민해두어야 했다. 내가 선택할 수 있는 긍정의 카드가 별로 보이지 않았다. 다시 회사에 들어가려면 재취업을 준비해야 하는데, 재취업 준비 기간 동안 카드론 이자를 갚을 여유조차 없었다. 이 사실을 알면서도 부모님께 민폐를 끼치는 게 죽기보다 싫어 두 번째 거짓말을 했지만, 이게 과연 잘한 선택인지 나로서도 확신이 생기지 않았다.

마지막 출근을 하던 날, 시원섭섭한 감정을 정리하고 그동안 마음고생을 한 나에게 무엇이든 선물해주고 싶었다. 생산적이고 건강한 활동을 하면 좋았겠지만, 나에게 남아 있는 에너지는 그리 많지 않았다. 길게 생각하지 않고 12월 24일부터 31일까지 일주일간 일차적 욕구를 충족시키기로 했다. 무한 도파민의 힘을 빌려서라도 기분을 좋게 만들고 싶었다.

첫 사흘은 실컷 늦잠을 자고 일어나 정성스럽게 요리를 해서

브런치를 먹었다. 청소를 하고 부다페스트 한국문화원에 가서 책을 읽고 노천광장 카페에서 따뜻한 커피를 마신 다음, 수영을 하러 갔다. 집으로 돌아오는 길에는 장을 봤다. 마라탕, 부대찌개, 감자탕 같은 안주를 만들고 집안 곳곳에 초를 켜 우아한 분위기에서 술을 마셨다.

'출국 전까지는 운동이라도 좀 하자. 영어실력도 많이 늘었으니 한국에 가면 바로 토익 시험도 쳐야지. 경매 결과가 어떻게 나올지 모르니 플랜도 두세 개 만들어놓고, 한국에서 어떻게 살아야 할지도 구체적으로 고민해야겠다.'

아쉽게도, 내 기억에 남아 있는 2022년 연말은 여기까지가 전부였다. 마지막 4일은 온통 술에 찌들어 있었다. 밤새 떡이 되도록 마시고 일어나면 해장 라면을 먹고 다시 잤다. 거실 주방 할 것 없이 온 집안에 옷가지와 술병이 쌓여갔고 식탁과 싱크대 위에는 전날 먹은 음식이 수북했다. 수시로 위가 쓰렸다. 심장도 요동쳤다.

하지만 쓰린 속보다 더 쓰린 건 내 현실이었고, 엉망이 된 집안보다 더 엉망진창인 건 길이 보이지 않는 내 미래였다. 나는 무직 청년이자 멀쩡한 전셋집이 경매에 넘어가는 줄도 모르고 있었던 바보이며, 매달 300만 원의 카드론을 갚아야 하는 빚쟁이였다. 고작 200만 원 남짓한 월급으로 헝가리에서 값비싼 월세와 공과금, 생활비를 내고 나면 매달 50만 원 정도를 갚는 것도 버거웠다. 부족한 250만 원은 주식을 매도해 갚아야 했지만, 남은 주식도 계좌를 열 때마다 뚝뚝 떨어지고 있었다. 설상가상으로 나의 마지막 희망인 금융자산마저 3개월이 지나면 모두 사라질 예정이었다.

정신이 바짝 들었다. 이 정신으로 머지않아 내 앞에 펼쳐질 더 비참한 현실을 직시해야 한다. 한국으로 돌아갈 때까지 남은 한 달여 기간 동안 헝가리에서 내가 할 수 있는 일이 없었다. 아니, 이 잡듯 뒤져보면 뭐라도 있었겠지만 하기 싫었다. 건물주가 진 빚을 왜 내가 갚아야 하나. 얼굴을 본 적도 목소리를 들은 적도 없는 건물주는 지금 뭘 하고 있을까. 건물주가 나와 다른 세입자들의 상황을 단 한 번이라도 걱정한 적이 있을까. 아니, 애당초 나는 왜 전세를 얻었던 것일까. 계약서에 사인하기 전에 집주인을 만나게 해달라고 부동산 사장에게 왜 더 강하게 요청하지 않았을까. 입주 후 건물주와의 첫 통화에서 못 한두 개는 박아도 괜찮다고 했던 그 사람이 진짜 건물주가 맞는지, 왜 의심할 생각을 못 했을까.

생각이 꼬리에 꼬리를 물고 이어질수록 자책과 자기비하가 커져갔다. 그러다가 간신히 정신을 차리면 마트로 향했다. 빚이 3,300만 원이든 3,303만 원이든 별 차이 없다는 생각에 술과 안주 재료를 3만 원어치 샀다.

낮에는 이 모든 문제를 한방에 해결할 멋들어진 계획을 짜고, 밤에는 술에 취해 살았다. 술을 마실 때는 가슴이 웅장해지면서 어떤 계획을 세워도 모두 이룰 수 있다는 근거 없는 자신감이 생겼다. 빡빡한 계획표를 보며 아무 생각 없이 술을 마셨다. 2022년 12월 31일은 지긋지긋한 내 인생을 그만 떠나보내고 싶은 마음에 혼자서는 다 먹지도 못할 만큼의 술과 안주를 샀다. 소주 한 병, 와인 한 병, 맥주 여덟 병, 치킨과 피자를 들고 집으로 향하는 나를 보고, 누군가는 밤새 친구들과 파티를 벌이겠다고 생각했을 것이다. 그날 산 와인은 에그리 비커비르, '황소의 피'라는 뜻이다. 헝가리에서는 새로운 일을 앞둔 사람들이 에그리 비커비르를 마시며 의욕을 다진다고 한다. 나는 힘을 낼 수 있을까? 2023년에는 내 인생이 달라질 수 있을까?

밤새 와인을 마시면서 의욕을 다졌지만, 2023년 1월 1일 눈을 뜨자마자 내가 한 일은 전날 먹고 남긴 술을 또 마시는 것이었다. 어느새 내 의지로 술을 조절하지 못하는 상태가 되어 있었다. 아침에 눈을 뜰 때마다 같은 생각을 했다. '죽고 싶다.'

밤에는 술에 취한 채 근거 없는 자신감에 절어 장밋빛 미래를 상상했고, 아침에 정신을 차리면 밀려드는 우울감에 젖어 아무 일도 할 수 없었다. 어느 곳에도 소속되지 않았다는 불안감과 전셋집 걱정 때문에 맨 정신일 때는 아무 일도 손에 잡히지 않았다.

이때 나의 가장 큰 문제는 집중을 못 한다는 점이었다. 처음에는 책을 읽을 수 없었고, 드라마와 영화와 유튜브를 시청할 수 없었다. 그나마 내가 몰입할 수 있는 건 게임과 인스타그램 쇼츠뿐이었다. 잠시라도 생각할 여유가 생기면 내 의지와 상관없이 과거의 가장 불행했던 기억들이 무작위로 떠올랐다.

19

효도 여행이라 쓰고 현대판 고려장이라 읽는다

2023년 2월 초, 아버지의 칠순을 기념해 부모님께서 유럽에 오셨다. 부모님을 마중하러 공항에 나갔다. 내가 전세 사기를 당했고 사태를 수습하기 위해 헝가리 회사를 퇴사했다는 사실을 알게 되신 후 처음 만나는 자리였다. 두 분의 흔들리는 시선과 애처로운 눈빛만 보고도 나를 얼마나 걱정하고 계시는지 알 것 같았다.

칠순 기념 여행은 즐거워야 하는데 우리 가족은 쓸쓸하게 유럽 곳곳을 걸었다. 노면전차에서 부모님께 자리를 내어주는 예의 바른 유럽 청년들을 보며 이제 내가 부모님을 보호해야 할 때가 되었다고 생각했다. 그러고 보니 한국에서는 부모님과 함께 대중교통을 탄 적이 없었다. 첫날 저녁 식사 자리에서 아버지는 반주를 하셨다. 불과 1년 만에 나 때문에 너무 늙으신 것 같아 무척 속이 상했다.

헝가리 회사에서 받은 복지카드에 아직 잔액이 남아 있었다. 그 돈으로 부모님께 마사지를 받게 해드렸다. 부모님이 마사지를 받으시는 동안 샵 근처 공원 벤치에 앉아 울었다. 불효자가 왜 우는지 드디어 깨달았다. 부모님은 나에게 모든 걸 내어주셨는데 나는 부모님께 해드릴 수 있는 게 아무것도 없었다.

두 분은 왕복 비행기 티켓 가격을 제외한 500만 원을 나에게 주셨다. 본인들 여행비라 하셨다. 그때 나는 가지고 있던 금융자산을 모두 처분한 상태였고 퇴사를 했으니 당연히 월급도 없었다. 가지고 있던 돈으로 카드론만 겨우 갚는 수준이었다. 졸지에 우리 세 가족은 500만 원으로 2주 동안 물가 비싸기로 유명한 유럽에서 여행을 하게 되었다. 결국 부모님의 유럽 여행은 칠순 효도 여행이 아닌 짠내 투어가 되어버렸다.

느끼한 서양 음식을 좋아하지 않는 부모님이 하루는 한식당에 가자고 하셨다. 한국에 비해 최소 세 배는 비싼 가격표를 보니 음식이 목구멍으로 잘 넘어가지 않았다. 나는 굳은 표정으로 천천히 음미하듯 음식을 먹다가 부모님이 수저를 내려놓으시면 그제야 남긴 음식을 설거지하듯 먹었다. 그 후로는 짐을 가지러 간다며 핑계를 대고 부모님만 한식당에서 식사를 하시게 했다. 배는 고팠지만 마음은 오히려 편했다.

유럽에서도 특히 물가가 비싼 스위스와 프랑스에서는 한 번도 외식을 하지 않았다. 나는 일정 핑계를 대며 아침은 라면, 점심은 빵, 저녁으로는 직접 요리한 파스타와 스테이크를 대접했다. 아버지가 여행 내내 배가 고프다고 어머니께 불평하셨다는 이야기를, 두 분이 한국으로 돌아가신 뒤에 전해 들었다.

나라 간 이동을 할 땐 유럽의 악명 높은 저가항공을 이용했다. 비용을 조금이라도 줄이려고 나는 백팩 하나만 멨고 두 분의 짐은 캐리어 하나에 욱여넣었다. 좌석을 선택할 때도 추가 비용이 걱정되어 영어를 못하는 부모님을 따로 앉게 했다. 이 정도면 부모님은 이 여행이 효도 관광도 짠내 투어도 아닌 현대판 고려장 같다고 생각하셨을지도 모르겠다.

그래도 정해진 예산 안에서는 최대한 부모님을 즐겁게 해드리려고 노력했다. 요리와 운전을 직접 했고 호텔, 비행기, 여행지 예약에도 신경을 썼다. 매 순간 두 분의 눈과 입, 손과 발이 되어드리려고 노력했다. 부모님의 속내는 지금도 잘 모르지만 겉으로는 나에게 최고의 여행 가이드라는 칭찬을 아낌없이 해주셨다.

독실한 가톨릭 신자이신 어머니를 위해 여행 중에 바티칸 성당, 사그리다 파밀리아 대성당에도 방문했다. 압도적인 규모와 화려함에 오랫동안 냉담을 하던 나도 간절하게 기도할 수밖에 없었다. 바티칸 성당은 스무 살 때도 왔지만, 그때의 나와 지금의 내가 전혀 다른 사람이어서인지 성당을 바라보면서 느끼는 감정도 천차만별이었다. 스무 살의 나는 빛나는 미래를 상상하며 꿈을 꾸었지만, 서른둘이 된 나는 그동안의 잘못과 실수를 뉘우치고 반성하며 한없이 후회하고 있었다. 12년 전에 비해 딱히 나아지지 않은 내 처지도 원망스러웠다.

부모님하고는 파리에서 헤어졌다. 10년 전 아버지의 환갑잔치 때, 나는 친척들 앞에서 호언장담했다. 내가 중학교, 고등학교를 졸업하고 대학에 가는 동안 아버지 이마에 주름이 하나씩 생겼다고. 전역하면 그 주름을 하나씩 지워드리겠다고. 전역한 지 10년이 지났고 아버지는 칠순이 되었지만, 나는 아직도 아버지 주름을 지워드리지 못하고 있다.

20

리첸스 1004호, 다시 찾은 지옥의 문

2023년 2월 17일.

한국에 도착하고도 한동안 천안으로 가지 못했다. 오자마자 친구들과 1박 2일로 여행을 다녀왔고, 용인 본가에서 4일 정도 머물렀다. 전셋집을 찾기가 두려웠다. 1년 6개월 정도 집을 비우는 동안 얼마나 더러워졌을지, 혹시 고장 난 물건은 없을지도 걱정이었다. 누가 나 몰래 이 집에 들어가 살고 있는 건 아닐까 하는 쓸데없는 걱정도 했다. 당시에는 쓸데없는 걱정이라고 생각했지만, 경매로 넘어간 집에 누군가가 실제로 거주하는지 확인하기 위해 무단 침입을 하는 경우가 실제로 종종 벌어진다고 했다. 전세 사기 피해자들이 모여 있는 오픈채팅방에서도 누군가가 강제로 자기 집 현관문을 열려고 한다는 글이 종종 올라왔다.

천안에 도착하는 순간 회사에서 겪었던 힘든 기억이 떠오를지도 모른다는 불안감도 있었다. 그중에서도 가장 큰 두려움은 경매 진행 상황을 파악하고 우리 집이 낙찰되었는지 여부를 확인하는 일이었다. 언제 쫓겨날지 모르는 집에서 그 엄청난 부담감과 스트레스를 감당하며 어떻게 살아야 하나 싶은 막막함도 있었다.

무거운 발걸음으로 리첸스 빌라 1층에 도착했다. 예상대로 수십 개가 넘는 우편물이 우편함에 쌓여 있었다. 고지서, 독촉장 외에 법률사무소와 대전지방법원에서 나에게 전달하지 못한 등기 우편물도 가득했다. 어떤 우편물을 봐도 무서운 단어가 가득 쓰여 있었다. 멍청하고 바보 같은 나를 어떤 조건도 대가도 없이 받아주시는 부모님에게 도망가고 싶었지만, 두 분이 이 엄청난 일을 나 대신 감당하셔야 할 이유는 없었다.

나는 어른이고, 내 잘못을 스스로 책임져야 했다. 그 과정에서 생기는 모든 일도 내가 감당해야 했다. 엘리베이터를 타고 10층으로 올라가 지옥의 문, 1004호 앞에 다시 섰다. 헝가리로 떠난 지는 1년 4개월 만이다. 마음이 복잡했다. 내 앞에 무엇이 펼쳐질지, 이 시간이 언제 끝날지도 모른 채 한 치 앞이 보이지 않는 터널 입구에 선 기분이었다.

문을 당겼지만 열리지 않았다. 전자식 도어락이 고장 나 있었다. 현관문 옆에 열쇠집 전화번호가 붙어 있었지만 돈을 아껴야 했다. 가져온 캐리어 위에 앉아 핸드폰으로 '죽은 도어락 살리는 법'을 검색했다. 사각 건전지로 살릴 수 있다는 글을 보고, 죽은 사람도 사각 건전지로 살릴 수 있으면 좋겠다는 생각을 했다. 건전지를 사러 편의점에 갔다가 7,400원이라는 가격표를 보고 기겁했다.

버스커 버스커의 노래 〈소나기〉에 '편의점에 우산은 너무 비싸서 비를 그냥 맞고'라는 가사가 있다. 내가 사려는 게 우산이라면 그냥 비를 맞고 싶다. 하지만 건전지를 사지 않으면 나는 집 안으로 들어가지 못한다. 그러면서도 돈을 아껴야 한다. 건전지 하나를 7,000원 넘게 주고 살 수는 없다. 하는 수 없이 길고 긴 언덕 아래에 있는 다이소로 향했다. 한겨울인데도 등에서 땀이 흘렀다. 다이소에서 2,000원짜리 사각 건전지를 사고 길고 긴 언덕을 다시 올라가, 편의점을 지나 리첸스 1004호에 도착했다. 2,000원짜리 건전지로 간신히 살려낸 도어락은 겨우 문을 한번 열어주고는 다시 죽어버렸다. 현관문 위쪽에 내가 이 집에서 살고 있는지 여부를 확인하기 위해 누군가가 투명 테이프를 붙여두었다는 사실을, 이때 알았다.

다행히 수도와 가스는 나왔지만 전기는 끊겨 있었다. 그래도 가스보일러 제어기가 전기로 작동되었기 때문에 온수와 난방을 할 수는 없었다. 찬물로 샤워하기에 2월은 너무 추웠다. 해가 지고 있었고 1년 4개월 동안 사람의 온기가 없었던 집 안의 냉기는 생각보다 매서웠다. 냄비에 물을 끓여 수증기로 약간의 온기를 불어넣었다.

1년 전, 이탈리아 마터호른의 어느 평원에서 캠핑을 한 적이 있다. 초가을인데도 너무 추워서 텐트 안에 버너를 켜고 잠을 청했다. 잠결에 버너를 살짝만 건드렸어도 텐트가 불에 탔을 텐데, 그때는 화재보다 추위가 더 무서웠다.

지금은 추위보다 이 집에 불이 날지도 모른다는 사실이 더 무섭다. 그러면 화재로 인한 손실까지 내가 보상해야겠지? 나는 가스를 끄고 추위에 떨며 잠을 청했다. 내 인생은 왜 항상 추울까? 잘 살아보려고 항상 최선을 다하는데, 왜 내 삶은 점점 추워지기만 할까?

다음 날 아침, 눈을 뜨자마자 숨을 내쉬어보니 입김이 그대로 수증기가 되어 천장까지 올라갔다. 얼굴은 얼어붙었고 몸은 딱딱하게 굳어 움직일 수가 없었다.

정신을 차린 후 일어나서 찬찬히 집 안을 둘러보았다. 먼저, 냉장고가 열리지 않았다. 겨우 냉장고를 열고서야 내가 1년 4개월 전 냉장고를 완전히 비우지 않고 헝가리로 떠났다는 사실을 깨달았다. 냉동실에는 정체 모를 무언가가 들어 있었다. 자세히 보니 닭가슴살과 볶음밥이었다. 냉장실에는 벌레가 수북하게 죽어 있었다. 냉장고를 버리고 새로 구입하려 했지만, 중고거래 사이트에서 검색을 해보니 15만 원은 줘야 했다. 돈을 아껴야 하니 고무장갑과 마스크를 끼고 구역질을 해가며 냉장고를 청소했다.

이전 건물주와 계약한 주택관리사무소는 이미 건물 관리를 포기한 상태였다. 세입자 중 한 명이 대표로 소방, 전기 등을 관리하고 있었고, 이 건물 세입자들끼리 만든 단체 채팅방이 있다고 전달받았다. 1004호 입주민인데 단체 채팅방에 초대해달라, 전기를 쓰게 해달라고 글을 써서 엘리베이터 벽에 붙이고 용인 본가로 향했다.

다음 날, 단체 채팅방에 초대된 후 천안으로 향했다. 전기가 들어오니 전날보다는 좀 더 집 같은 느낌이 들었다. 이곳에서 어떻게 내 상황을 타계해야 할지 고민을 해보았지만 여전히 뾰족한 수는 없었다.

카드론으로 대출받은 3,300만 원과 이자 330만 원 중 아직

1,400만 원가량의 빚이 남아 있었다. 남은 금융자산도 한국으로 들어오자마자 전부 처분해 이젠 완전히 빈털터리였지만, 나는 여전히 매달 300만 원을 갚아야 했다. 돈을 갚으려니 남들과 같은 평범한 일상을 포기해야 했다.

천안으로 돌아온 지 일주일 만에 아르바이트 두 개를 구했다. 점심에는 초밥집, 저녁에는 횟집에서 주 6일, 매일 열두 시간씩 일하기 시작했다.

21

아무리 좋은 음식이라도
손님이 남긴 것은 먹지 말 것

주 6일, 매일 열두 시간씩 두 개의 아르바이트를 한다는 게 말처럼 쉬운 일은 아니었다. 오전 아홉 시쯤 초밥집으로 출근해 오후 세 시에 퇴근하고, 네 시에 횟집으로 출근해 열 시 반에 퇴근했다. 그래도 내가 선택한 길이니 포기하지 않기로 했다. 매달 돈을 갚아야 하니 도망갈 수도 없었다.

일을 시작한 지 한 달 정도 되었을 때였다. 손가락에 생긴 사마귀를 치료하기 위해 병원에 가야 했다. 항상 늦은 점심을 챙겨주시는 사장님께 오늘은 병원에 가야 해서 식사는 못 한다고 말씀드렸더니 초밥을 포장해주셨다. 일하는 동안 초밥을 만들기만 했지 온전히 한 팩을 받아보는 건 처음이었다. 병원 진료를 마치고 근처 공원에 앉아 초밥을 먹었다.

초밥을 먹으며 공원 곳곳을 둘러보는데, 문득 공원 안 풍경이 수채화처럼 느껴졌다. 눈동자에 필터를 씌운 것 같았다. 갑자기 눈물이 앞을 가리더니 울음이 터져 나왔다. 다른 사람들은 슬슬 퇴근 후 무엇을 할지 고민하는 시간에 나는 전반전을 끝내고 후반전을 준비하러 가야 해서일까? 초밥집에서 나보다 어린 실장에게 혼나는 신세가 서글퍼서일까? 어리다고 궂은일을 떠넘기는 횟집 이모님들이 싫어서일까? 회사에서 그렇게 고생하며 모은 돈을 전세 사기로 날리고, 대출금을 갚기 위해 매일 열두 시간씩 일해야 하는 상황이 억울해서일까?

전부 아니었다. 10분 만에 급하게 식사를 끝내고 횟집으로 출근해야 하는 상황에서도, 지금 먹는 초밥이 너무 맛있었기 때문이다. 쌀은 입 안에서 폭죽처럼 터졌고 생선살은 헤엄을 치는 듯 매끄러웠다. 공원에 앉아 초밥 한 피스를 먹는 그 순간만큼은 국회의원도, 건물주도 부럽지가 않았다.

나의 초라한 일상에도 언젠가는 초대리가 더해져 행복하고 향기 나는 시간을 보낼 수 있겠지. 비록 횟집에 지각해 잔소리를 들었지만, 그날 그 순간만큼은 진심으로 행복했다. 맛있는 초밥을 먹었으니까. 그리고 열심히 살다 보면 언젠가는 초밥을 먹고 싶을 때 별 생각 없이 시킬 수 있는 이전의 일상으로 돌아갈 수 있으리라 믿었으니까.

초밥집 사장님은 일하면서 초밥을 마음대로 먹어도 된다고 하셨다. 음식 퀄리티를 유지하기 위해서가 주목적이었겠지만, 주방 일의 고단함을 아는 선배로서 요리하는 사람은 늘 배가 든든해야 한다는 생각을 가지고 계셨다. 덕분에 계란, 유부, 한치 등 내가 관리하는 값싼 재료는 눈치 보지 않고 먹을 수 있었다.

대신 참치, 연어, 광어, 참돔 같은 활어는 사장님이 직접 관리하셨다. 재료값이 비싸 쉽게 먹지도 못했다. 어느 날, 굉장히 상태가 좋은 눈다랑어 등살이 들어왔다. 붉고 투명한 참치는 아무리 작은 빛도 투과할 수 있을 만큼 투명했고, 참기름을 바르지 않아도 윤기가 흘러넘쳤다. 윤기가 잘잘 흐르는 참치 등살을 잘근잘근 씹어버리고 싶었다.

가끔은 사장님이 좋은 재료를 먼저 나눠주실 때도 있었지만, 그날은 너무 바빴다. 초밥을 만들면서도 그 참치를 먹고 싶어서 계속 곁눈질을 했다. 그러던 와중에 한 손님이 그 영롱한 참치 초밥 한 피스를 남기고 자리에서 일어났다. 홀 담당 직원이 싱크대로 그걸 가져왔고, 상온에 제법 노출된 참치는 살짝 푸석해지긴 했지만 나에게 그 정도는 문제가 되지 않았다. 나는 라텍스 장갑을 벗고 손님이 남긴 참치 초밥을 서둘러 먹었다. 분명 맛있었지만 혹시라도 사장님과 부장님에게 들킬까 싶어 제대로 씹지도 못하고 삼켜버렸다.

　그날 저녁, 음식물 쓰레기를 버리기 위해 쓰레기장으로 갔다. 초밥집 쓰레기장은 동네 길고양이들의 맛집이다. 그날도 고양이들이 선점한 음식물 쓰레기봉투가 사방에 널려 있었고, 냄새 나는 고양이들이 내 눈치를 살피며 쓰레기봉투 주변을 배회하고 있었다.

　순간, 이 고양이들이 나를 닮았다는 생각을 했다. 쓰레기봉투 주변에서 눈치를 보며 인간이 남긴 음식을 먹는 고양이와, 테이블 주변에서 사장님 눈치를 살피며 손님이 남긴 초밥을 몰래 먹는 나. 고양이도 불쌍하고 나도 불쌍했다. 하지만 이날 이후로 아무리 배가 고파도 손님이 남긴 음식에는 손을 대지 않기로 했다. 인간과 동물의 가장 큰 차이점 중 하나는 인내심과 참을성이 있는지 여부니까. 누군가가 남긴 음식을 눈치를 보며 먹는가, 먹지 않는가의 문제는 내가 인간으로 살 것인가 동물로 살 것인가를 결정하는 문제이기도 했다.

22

집
이

낙
찰
되
었
다

2023년 4월 10일.

리첸스 빌라 피해자들이 모인 단체 채팅방에 공지 하나가 올라
왔다. 3차까지 경매가 진행된 결과, 감정 평가된 금액의 절반
정도에 모든 가구가 낙찰되었다는 소식이었다. N 부동산 사장
은 이 건물의 감정가가 70~80억 원이라고 했지만 그의 말과
다르게 총 낙찰가는 25억 4,000만 원이었다. 아마 건물의 실
제 평가액은 50억 정도였을 것이다. 악화된 부동산 경기와 부
동산 사장의 거짓말이 함께 만들어낸 이른바 갭 차이가 무려

20~30억 원이었다.

결국 낙찰가는 은행 근저당인 33억 원에도 미치지 못했고, 내가 돌려받을 수 있는 금액은 소액 임차인의 최우선변제금인 2,000만 원에 불과했다. 나의 피 같은 돈 5,800만 원이 2,000만 원으로 쪼그라들었다.

건물이 낙찰되고 낙찰자들이 정해진 기한까지 입금을 완료하면 그 집은 법적으로 낙찰자들의 소유가 된다. 그런데 낙찰자들은 입금을 완료하기도 전에 리첸스 빌라의 기존 세입자들에게 경고 문자를 보냈다. 인도명령에 의한 강제집행, 법적 절차, 불법 점유에 대한 부당이득……. 낙찰자들이 보내는 무섭고도 차가운 단어들이 단체 채팅방에 도배되었다. 피해자 40여 세대가 각 낙찰자들에게 받은 경고 메시지들이 하루가 멀다 하고 올라오는 것을 보니 핸드폰을 쳐다보기가 싫었다. 아니, 손에 들고 있는 것조차 무서울 지경이었다.

이즈음 '세 모녀 전세 사기'를 비롯해 서울 강서구 화곡동, 인천 미추홀구 등 수도권 곳곳에서 전세 사기 피해가 터졌다. 언론에서 연일 보도를 쏟아내자 정부는 전세 사기를 사회적 재난으로 분류하고 다양한 지원책을 내놓았다. LH긴급지원주택 지원, 저금리 혹은 무이자 전세 대출 등이었는데 긴급지원주택은 전셋집에서 쫓겨나면 이용해볼 생각이었다.

하지만 내가 피해자가 되고 보니 또다시 전세 대출을 받는 것은 너무 무서웠다. 3년을 두려움에 떨면서 살았는데, 저금리가 아니라 무이자로 대출해준다 해도 나는 두 번 다시 전세 대출은 못 받을 것 같다. 만약 또다시 전세를 살게 된다면 2년 동안은 전세 사기 트라우마 때문에 매일 악몽에 시달릴지도 모른다. 내 입장에서는 지원 대출 한도를 줄이거나 이자율을 다소 높게 책정하더라도, 전세 지원보다는 자가를 마련할 수 있도록 지원해주는 것이 좀 더 실질적인 도움이 된다고 생각했다. 침몰한 타이타닉에서 생존한 이들에게 보상금으로 크루즈 여행권을 주면 어느 누가 고마워할까.

시간이 지날수록 전세 사기 피해는 전국으로 확산되었다. 급기야 2023년 2월 28일, 4월 14일, 4월 17일까지 미추홀구 전세 사기 피해자분들이 연이어 극단적 선택을 하는 사태가 발생했다. 그제야 정부는 4월 18일 국무회의를 열었고 국토교통부는 미추홀구의 해당 건물에 대해 경매 중단 및 유예를 보고했다. 정부 관계자들은 아주 단호한 표정을 지으며 "전세 사기는 전형적인 '약자 상대 범죄'"라고 강하게 비판했다. 국토교통부 대변인이 뉴스 화면에 등장하고 '경매 중지'라는 단어가 자막으로 떴을 때, 나는 아주 잠깐 희망을 가졌다. 하지만 정부의 경매 중지 발표 다음 날에도 전국 곳곳에서는 경매가 계속 진행되었고, 피해자들의 집은 낙찰되었다.

알고 보니 경매가 중지된 곳은 인천 미추홀뿐이었다. 미추홀구의 경우, 금융감독원에서 따로 전담팀까지 꾸려 경매를 중단하고 피해자들에게 지원을 했단다. 전세 사기 피해자는 전국 곳곳에 있는데 정부의 시선은 인천까지만 닿나 보다. 아니다, 인천의 목소리라도 들어서 다행이다. 그래도 서운하다. 왜 천안은 경매가 중단되지 않았을까. 인천 미추홀구처럼 우리 건물에서도 누구 한 명이 죽어야 경매가 중지되는 것일까.

혹시 내가 죽으면 다른 입주자들의 피해를 조금이나마 줄일 수 있을까. 아니다, 지금 죽기에 나는 너무 억울하다. 누가 눈 딱 감고 나 대신 좀 죽어줬으면 좋겠다. 아니다, 왜 피해자인 우리가 죽어야 하나? 건물주가 죽어야지. 채무자가 죽으면 채권자가 반 강제로 채권을 포기하는 경우도 있어서 집주인이 죽으면 집의 경매가 취소된다고 한다. 건물주가 하루 빨리 죽어주었으면 좋겠다.

우리가 대체 뭘 잘못했을까. 20~30대 젊은 나이에 부동산법의 빈틈과 허점을 야무지게 파악하지 못한 것이 죄일까? 부모님을 힘들게 하지 않으려고 우리 힘으로 전세를 얻으려 했던 것이 실수일까? 공인중개사는 모두 범죄자라 생각하고 집주인과 직거래를 했으면 사기를 안 당했을까? 매일 아침마다 등기부등본을 확인해서 혹시 전날 집주인이 바뀐 건 아닌지 확인해야 하나? 이 모든 노력을 다 해야만 사기를 피할 수 있다면, 전세 제도는 왜 있는 걸까? 어떻게 50년 넘게 시행된 제도에 이렇게 빈틈이 많을 수 있단 말인가.

뉴스에서는 다주택자들이 세금 폭탄을 맞는다고 떠들어대지만, 정작 '빌라 왕'들은 법의 허점을 잘만 이용한다. 이들은 조정지역, 비규제 지역 등의 복잡한 조건을 요리조리 따지며 1억 미만의 집을 매입해 전세를 주는 방식으로, 취득세와 양도소득세를 내지 않고 재산을 불렸다. 그 과정에서 의도적으로 파산했든 일이 계획대로 되지 않아 파산했든, 그 피해는 고스란히 세입자들이 떠안게 되었다.

오피스텔, 원룸, 생활형 숙박시설의 다주택자와 이들 건물의 대출 문제는 국회 차원에서 법으로 개정해야 한다. 아파트는 두 채만 가져도 다주택자가 되어 종합부동산세가 부과된다. 그런데 오피스텔이나 원룸은 수백 채를 보유해도 가산되는 세금이 전혀 없다. 수백 채를 가졌어도 그중 한 가구만 보증이 되면 은행 대출을 받을 때 아무런 규제도 받지 않는다.

이런 제도가 시정되지 않는다면 앞으로도 투기꾼들은 은행 돈으로 자신들의 배만 불릴 것이고 평범한 세입자들은 계속해서 피해를 당할 수밖에 없다. 투기꾼들은 파산을 해도 전세보증금을 은닉하고 개인회생을 신청하면 그만이다. 빌라, 오피스텔

다주택자에게도 반드시 종합부동산세를 부과해야 한다. 또한 다주택자들에 대한 대출 한도도 법적으로 규정해, 만약 집이 경매에 넘어가더라도 세입자들이 경제적 살인을 당하는 일이 없도록 해야 한다.

23

나의 건물주가 자살해주기를

일말의 희망이 생겼다. 정부가 경매 유예 조치를 내린 것이다. 리첸스 빌라 입주자들은 한마음으로 뭉쳐 금융감독원에 진정 서를 넣었다.

제목 [긴급요청] 전세 사기 피해자입니다(천안)

천안 지역 2021타경6036 경매 개시된 전세 사기 피해자입니다.
채권자 ○○○○ 대부에 경매 매각 유예를 요청했으나 협조가 어렵다는
답변을 받았습니다. 피해자 40여 명이 주거 지원도 받지 못한 채 5월 초까
지 집을 비워줘야 하는 상황입니다. 총 72세대 건물로 세입자 피해 금액은
약 30억 원 정도 됩니다.
세입자 대부분이 20~30대 사회 초년생으로, 전 재산을 잃고 빚까지 떠안
아 많이 힘듭니다. 새로운 거처를 구하기에도 여의치 않은 상황이라 매각
유예가 간절합니다. 소유권 이전일자가 얼마 남지 않아 긴급한 사안으로,
신속한 처리 부탁드립니다.

경매 매각 유예를 간절히 요청드립니다.

우리는 금융감독원, 대법원, 천안지방법원, 천안시청, 국토교
통부 등 전세, 경매와 관련된 모든 기관에 민원을 넣고 초조하
게 연락을 기다렸다. 모든 민원은 이 부서 저 부서를 옮겨 다니
다가 금융감독원으로 흘러들었고 얼마 지나지 않아 금융감독
원 대전충남지원으로부터 답변을 받았다.

1. 2023.04.24. 우리 원에 접수된 귀하의 민원(접수번호: 202359599)에 대
한 회신입니다.

2. 귀하는 ○○○○ 대부(이하 '해당 회사')를 상대로 전세 사기 피해자로 대

전지방법원 천안지원에서 진행하는 경매(2021타경6036)를 매각 유예 요청하는 취지의 민원을 신청하였습니다.

3. 본 건 민원과 관련하여 해당 회사에 사실 조회한 결과, 해당 회사는 「민사집행법」 제266조(경매절차의 정지) 제1항 제4호에 의거, 채권자가 담보권을 실행하지 아니하기로 하거나, 경매 신청을 취하하겠다는 취지 또는 피담보채권을 변제받았거나, 그 변제를 미루도록 승낙한다는 취지의 서류를 제출하는 경우 경매 절차를 정지할 수도 있으나, 이는 매수 신고가 있기 전까지 제출하여야 한다는 입장입니다.

또한 「민사집행법」 제93조(경매신청의 취하) 제2항에 의거 매수 신고가 있은 뒤 경매 신청을 취하하는 경우에는 최고가매수신고인 등의 동의를 받아야하는데 귀하의 부동산임의경매 사건은 매각 기일(2023.4.3.)에 매수 신고가완료되어 최고가매수인의 잔금 납부가 완료된 상태이므로 귀하의 요청을수용할 수 없다고 우리 원에 알려왔습니다.

4. 귀하의 민원에 대해 살펴보면, 대전지방법원 천안지원에서 진행하는 경매(2021타경6036)판결 관련 사항은 「민원처리에 관한 법률」 제21조(민원처리의 예외) 제5호 "판결·결정·재결·화해·조정·중재 등에 따라 확정된 권리관계 관한 사항"에 해당되어 우리 원은 더 이상 관여하기 어려움을 알려드리니 이 점 양지하여주시기 바라며, 귀하가 법원의 결정에 이의가 있는경우 대한법률구조공단(☎132)이나 법률전문가 등과 상담하시어 소송 등의사법 절차에 따라 해결하여야 할 것으로 사료됨을 알려드립니다.

5. 귀하의 안타까운 사정은 충분히 이해됩니다만, 우리 원이 귀하에게 별다른 도움을 드리지 못하는 점 널리 양해하여주시기 바랍니다. 아울러 우리 원의 민원처리결과는 법률상 구속력이 없으므로 이의가 있는 경우 법원에 소송 등을 통하여 구제를 요청할 수 있음을 알려드립니다. 끝.

정중하지만 낯선 단어는 빠르게 건너뛰고 5번을 확인하는 순간, 우리가 기대했던 일말의 기대감은 썰물처럼 빠져나갔다. 마우스를 잡고 있던 손이 툭 떨어졌다.

이즈음 전세 사기 피해자들이 만든 오픈채팅방에 들어갔다. 한마디로 비참한 사람들이 모여 있는 곳이었다. 전세보증보험에 가입하지 않은 사람들이 모인 방에는 1,000명 넘게 들어와 있었다. 가입자만 1,400명이 넘는 전세 사기, 깡통 전세 전국피해자대책위 오픈채팅방은 분 단위로 다급하고 비참한 단어들이 올라왔다.

마치 타이타닉 삼등칸에 탑승한 사람들이 침몰하는 배에서 구명보트 하나 없이 서로를 껴안고 발을 동동 구르는 것 같았다. 먼저 바다에 빠져 물 위를 떠다니는 나는 이분들 중 한 사람, 한 가정이라도 더 구제받게 해달라고 간절히 기도했다. 이분들은 제발 전세 사기 피해자 지원 및 주거 안정에 관한 특별법의 혜택을 제대로 받았으면 좋겠다.

어느 지역에서는 은행 부채를 갚지 못해 독촉에 시달리던 건물주가 극단적 선택을 해서 경매가 취하되었다고 한다. 또다시 간절히 기도했다. 나의 건물주가 자살해 은행이 경매를 취하하기를. 죽어야 할 사람이 있다면 그건 우리 피해자들이 아니라 건물주라고. 하지만 나의 건물주는 자살할 리가 없다. 최소

30억 원으로 추정되는 우리의 전세금을 은닉했을 사람이, 그 돈을 남겨두고 죽을 리 없다. 앞으로도 나의 건물주가 자살할 확률은 금융감독원이 정책을 획기적으로 바꾸어 경매를 유예할 확률보다 희박할 것이다.

24

집주인 얼굴을 떠올리며 생선 대가리를 내리쳤다

리첸스 빌라 전 세대가 낙찰되었다는 소식을 들은 이후로 한 가지 변화가 생겼다. 하루에도 몇 번씩 불쑥불쑥 끓어오르는 분노를 내 의지로 조절할 수가 없었다. 시쳇말로 꼭지가 돈다는 게 이런 걸까? 길을 걷다가, 밥을 먹다가, 일을 하다가도 갑자기 분노가 올라오면 저절로 근육이 경직되고 손이 떨려왔다.

이런 변화 때문에 일하기가 조금은 편리해진 부분도 있다. 생선 대가리를 내리치는 잔인한 일이 이즈음부터 괜찮아졌다. 때로는 스트레스가 풀리기도 했다. 나에게 생선 대가리를 잘라

내는 일이 더 이상 살생으로 느껴지지 않았다. 살생이 아니니 아무런 죄책감도 생기지 않았다. 내 손은 마치 기계처럼 생선 대가리를 잘라냈다. 파닥거리는 물고기 대가리가 내 손 안에서 떨어져 나갈 때마다 짜릿했다. 마치 게임 속 상대 캐릭터를 총으로 쏘아 모조리 전멸시키는 것 같았다.

어느 순간부터는 생선이 인간이라고 생각했다. 우선 천안에서 회사를 다닐 때 나를 지독하게 괴롭혔던 O책임이 생각났다. 죽이고 싶을 정도로 그가 밉지는 않았다. 다만, 그의 자식들이 자라면 더도 덜도 말고 딱 아버지 같은 상사 밑에서 평생 일하길 바랐다.

도마 위에 리첸스 빌라 건물주를 올려놓는 장면도 상상했다. 회를 뜰 때 쓰는 오로시칼을 집어 들고 건물주의 얼굴을 수차례 쑤시며 난도질을 한다. 머리에서 피가 철철 흘러넘치지만 이렇게 쉽게 모가지를 딸 수는 없다. 이번에는 무쇠 칼을 집어 들고 칼등으로 대가리가 곤죽이 되도록 무한 가격한다.

이렇게 매일 20여 마리의 물고기를 칼로 쑤시며 건물주를 떠올렸다. 대가리가 떨어진 건물주는 탈피기에 넣고 돌려 껍질과 살을 분리한다. 마지막으로 건물주의 내장을 손가락으로 박박 긁어 죄다 끄집어낸다. 온 힘을 다해 건물주를 죽이는 상상을 하니 스트레스가 조금은 풀렸다. 손과 얼굴은 온통 피 칠갑이 되어 있고 눈빛은 연쇄살인범의 그것처럼 희번덕거렸다.

나를 포함한 40여 명의 피해자가 지옥의 불구덩이에서 고통당하는 순간에도 건물주는 우리의 전세금을 차명계좌로 빼돌려서 어딘가에 숨겨놓고 잘 먹고 잘살고 있을 것이다. 그 인간은 죽으면 반드시 지옥에 가서 매일 스무 번씩 목이 잘리고 사지의 가죽이 벗겨지고 내장이 발려지길 기도한다. 내가 전세 사기를 당하지 않았다면 살면서 이런 끔찍한 생각을 할 일은 없을 것이다.

내가 매일 열두 시간씩 아르바이트를 해서 받는 시급은 1만 2,000원이다. 시간으로 계산해보니 내 전세금 5,800만 원을 아르바이트로 벌려면 4,833시간을 일해야 한다. 주말이나 공휴일 없이 매일 일을 한다면 하루 여덟 시간씩 604일, 86주, 20개월, 1년 7개월을 일해야 벌 수 있는 돈이다. 대체 왜 그가 진 빚을 나와 피해자들이 대신 갚아야 하는가.

천안에서 사장된 나의 30대 초반은 누구에게 보상을 받아야 하며, 지금부터 시작될 30대 중반의 삶은 어떻게 이어가야 할지 막막하다. 그냥 이대로 옥상에서 뛰어내리고 싶다는 생각도 한다. 희망도 돈도 아무것도 남은 게 없다는 생각에 잠식당할 때면 이제 그만하고 싶다는 생각밖에 들지 않는다. 눈을 떠도 절망이 내 시야를 가리고 있고 화장실의 거울 속에도 절망이 서 있다. 굳게 쥔 주먹 안에도 두 눈의 동공 안에도 절망이 있다. 지갑과 핸드폰, 이어폰, 옷장, 서랍과 그 집안의 모든 곳에는 오직 절망만 있다.

25

낙찰자님, 한 번만 사정을 봐주시면 안 될까요

2023년 5월 1일.

경매 낙찰금 입금 기한이 일주일 앞으로 다가오자 나에게도 낙찰자로부터 연락이 왔다. 낙찰자는 다짜고짜 이사 계획을 물어보았고, 나는 배당금을 받은 후 나갈 계획이라고 대답했다. 낙찰자는 나에게 배당금을 받을 자격이 없다고 했다.

이건 또 무슨 소리야? 나는 계약 당시부터 지금까지 N 부동산 사장이 수차례 강조했던 최우선변제금을 받을 수 있을 거라 믿어 의심치 않았다. 2021년 5월 4일 이후 개정된 기준으로 확인했을 당시, 내 계약은 소액 임차인의 우선변제 조건에 따라 보증금 6,000만 원 이하에 해당하는 만큼 최우선변제금을 받을 수 있었다. 최우선변제금은 기존의 1,700만 원에서 2,000만 원으로 올라 있었다. 그러자 낙찰자는 그 기준은 계약일인 2020년 7월 당시에 해당한다며 지금은 소액 임차인 조건과는 무관하다고 했다.

내가 계약한 2020년도의 소액 임차인 기준은 천안시의 경우 보증금 5,000만 원까지였다. 알고 보니 나는 2021년에 개정된 보증금 6,000만 원 이하에 내가 해당된다고 생각했던 것이다. 계약 당시 N 부동산 사장은 본인이 직접 출력한 리첸스 등기부 등본 뒷면에 직접 그림까지 그려가며, 건물에 문제가 생겨도 최우선변제금 1,700만원을 받을 조건이 충분하니 아무 걱정 말고 이 집을 계약하라고 나를 집요하게 설득했다.

명백한 사기 행위의 흔적에 불과한 사장의 낙서를 다시 한번 들여다보았다. 갑자기 거대한 소행성이 지구를 향해 돌진하는 느낌이었다. 나도 모르게 무릎이 꺾였다. 핸드폰을 내려놓고 침대에 힘없이 누웠다. 온몸의 근육 속 섬유가 한 올 한 올 전부 풀리는 것 같았다. 대가리가 잘린 채 썩어버린 생선 눈깔을 하고 눈도 제대로 깜빡이지 못한 채 새하얀 천장을 한참 동안 바라보았다.

참고로 2023년 8월 15일을 기준으로, 서울 및 과밀억제권

역을 제외한 지역의 소액 임차인 보증금 기준은 7,500만 원이었다.

두 시간이 지났을까, 이 절망의 늪에서 빠져나가고 싶었다. 마지막 남은 한 줄기 희망마저 끊어지자 정말이지 아무 생각도 나지 않았다. 울지는 않았다. 아니, 울 힘도 없었다. 오로지 술을 마시고 싶었다. 술을 사러 밖으로 나왔다. 그 와중에도 근처 편의점은 비싸서 제법 떨어진 할인마트로 향했다. 편의점보다 병당 200원 저렴한 맥주와 소주를 고르고 계산대 앞에 줄을 섰는데, 마트 저쪽에서 공병을 파는 아저씨가 보였다. 집 안에 탑처럼 쌓여 있는 공병이 생각났지만, 그걸 팔지는 않기로 했다. 아직 공병을 팔지 않아도 괜찮을 정도의 자존심과 부끄러움은 남아 있었다. 당장 몇 천 원이 아쉬울 정도로 돈이 궁하지 않아 다행이라고 생각했다.

소주와 병맥주를 사서 집으로 돌아와 병따개를 들고 자리에 앉았다. 뚜껑을 딸 힘이 없어서 한참 동안 헛손질을 했다. 빈속에 급하게 술을 마시다 보니 나도 모르게 잠이 들었다. 언제 잠들었는지 기억나지 않지만, 평소보다 더 심한 악몽을 꾼 기억만큼은 생생하다.

얼마쯤 잤을까. 깨어보니 침대 시트가 축축했다. 온몸이 땀에 흠뻑 젖어 있었다. 코로나19에 걸린 것처럼 어지러웠고 온

몸에 힘이 없었다. 이즈음에는 두 가지 악몽을 꾸었다. 작은 악몽에서는 배당금을 한 푼도 받지 못했고, 그보다 좀 더 큰 악몽을 꿀 때는 배당금을 전액 돌려받았다. 큰 악몽을 꿀 때는 그 순간만큼은 약간의 안도감을 느꼈다. 꿈에서 깨어나면 현실이 악몽이 되었다.

횟집으로 출근했다. 이 상황에서 매일 열두 시간씩 일하는 게 과연 내 삶에 무슨 의미가 있을까? 그래도 어쩌나. 돈은 벌어야지. 내 의지와 상관없이 오늘이 가면 내일이 오고, 삶은 멈추지 않고 계속되니까.

손에 힘을 잔뜩 주고 생선 대가리를 칼로 쑤시고 내리치다 보니 조금은 기분이 나아졌다. 흐느적거리던 몸에도 힘이 조금 붙었다. 내일에 대한 의지가 조금 생겼다. 아르바이트를 하지 않았다면 나는 헝가리에서처럼 다시 술주정뱅이가 되었을 것이다. 마음이 복잡할 땐 몸을 움직이라는 게 이런 의미구나 싶었다.

건축 회사에서 일한다는 낙찰자는 다음 날 장문의 문자를 보냈다.

제가 5월 8일 잔금을 치르면 법적으로 그 집의 소유권을 갖게 됩니다.

배당일이 아닌 잔금 완납일부터 소유권을 갖게 되며 대항력이 없는 임차인의 경우 바로 명도를 해주셔야 합니다.
5월 8일부터 보증금 500만 원에 월세 45만 원(관리비 별도)으로 계약할 의사가 있으신지 답장 주시기 바랍니다.
원만하게 해결되지 않을 경우, 인도명령에 의한 강제집행 등 법적 절차가 불가피한 점 양해 바랍니다.

내가 할 수 있는 게 아무것도 없다는 생각에, 또다시 다리에 힘이 풀렸다. 온몸의 힘을 끌어모아 간신히 답장을 보냈다.

안녕하세요, 낙찰자님.
우선 낙찰받으신 것을 축하드립니다.

어제 말씀하신 부분을 다시 확인해보니 제가 소액 임차인 기준에 해당되지 않는다는 것을 알고 많이 힘들었습니다.
참 쉽지 않네요… 멍청한 사회 초년생이 멋모르고 계약한 전셋집으로 사기를 당한 지 몇 해가 지났는데 아직도 전세 대출금이 1,000만 원가량 남아 있습니다. 따라서 500만 원의 보증금을 내고 낙찰자 님과 계약하고 싶어도 계약할 수 없는 상황입니다.

5~6개월 후면 빚도 얼추 정리될 것이고 지긋지긋한 천안도 떠날

생각입니다. 정부에서 전세 사기 피해자들을 위해 6개월치 월세를 지원해준다는데 저는 이사 비용이 없어서 이사를 할 수도 없네요. 이에 조심스럽게 어젯밤에 생각한 두 가지를 제안드립니다.

1안. 3개월은 그냥 살게 해주시고 8월 8일부터 나머지 두세 달은 월세 45만 원을 내겠습니다. 이 부분을 양해해주신다면 다음 달 초에 돈을 빌려서라도 100만 원 정도는 보증금으로 마련하겠습니다.
2안. 이사비 150만 원을 지원해주시면 5월 안으로 집을 비우겠습니다.

이 둘 중 하나의 제안을 받아주신다면 지금까지 깔끔히 사용한 집을 더 깔끔히 사용하고 냉장고, TV, 에어컨, 가스레인지, 세탁기 등을 깨끗이 청소해놓고 나가겠습니다. 개인적으로는 1안을 받아주시면 더할 나위 없이 감사하겠습니다.

감정이 올라와서인지 두서없이 메시지를 남기네요. 물론 낙찰자님께서 제 사정을 봐줄 이유는 전혀 없지만… 그래도 제 사정을 조금만 봐주시길 간곡히 부탁드립니다.
언제 방문하시면 연락 주세요. 커피 한 잔 대접하겠습니다….

26

탈피기보다 무서운 은행 빚

내가 일하는 횟집은 자연산만 취급한다. 그래서일까. 양식을 취급하는 초밥집에 비해 생선 눈이 훨씬 더 선명하고 또렷하다. 생선의 시푸른 눈을 보고 있으면 그들이 헤엄쳤을 드넓은 바다가 자연스레 떠오른다. 수족관에서도 힘차게 꼬리를 흔드는 걸 보면 이 친구도 한때는 횟감이 아닌 하나의 생명체로서 바닷속을 자유롭게 오갔겠지 싶어 괜히 미안해진다.

넓은 바다에 있어야 할 생선은 전생에 무슨 죄를 지었기에 여기까지 와서 인간에게 잡아먹히는 걸까, 결국 인간에게 먹히려고 지금까지 악착같이 살을 찌웠을까, 나는 전생에 무슨 죄를 지었기에 결국 건물주 통장만 불려줄 돈을 악착같이 모았을까. 증조할아버지는 독립운동을 하신 국가 유공자인데 조상님의 공덕이 나에게까지 미치지 않는 것을 보면, 혹시 나는 전생에 증조할아버지를 탄압하던 일제 앞잡이였던 것은 아닐까.

바구니에 담긴 생선을 손으로 집는 순간, 대부분의 녀석들은 지금이 생의 마지막 순간이라는 것을 직감하는지 발악을 한다. 가끔 의지가 아주 강한 녀석들은 내 손에서 빠져나가기도 한다. 하지만 그들이 떨어지는 곳은 바다가 아닌 횟집 바닥이다. 바닥에서 주워 다시 도마 위에 올려놓고 칼등으로 머리를 강하게 때려 기절시키는 것이 나의 일이다. 가끔 몸집이 큰 어종을 작업할 때가 있다. 그놈들은 뼈가 굵어서 팔 힘만으로는 부족하다. 그럴 때는 도마 위에서 왼손을 내려놓고 오른손만으로 대가리를 내려찍는다. 생선의 굵은 뼈보다 내 손가락이 더 가늘어서 조심해야 한다.

초밥집 실장은 자신의 스승님이 생선 대가리를 치다가 무쇠칼에 손가락이 잘렸다고 했다. 손가락 접합 수술로 형태는 살렸지만 모든 신경을 잃었는데, 자영업자로서의 책임감과 밥벌이 때문에 수술한 지 일주일 만에 겨우 붙은 손가락을 부여잡고 다시 출근했단다. 실장에 따르면, 이런 뼈아픈 상처를 경험한 스승님이야말로 자신이 지금껏 만난 어떤 요리사들보다 압도적으로 일을 잘하는 분이었다고 한다.

다른 생선보다 살고자 하는 의지가 훨씬 강한 녀석들은 머리를 맞아 기절하고도, 대가리가 잘려 나간 뒤에도, 비늘과 껍질이 죄다 벗겨진 후에도, 살점과 뼈가 분리되고 나서도 꿈틀거렸다. 내가 죽인 생선의 삶에 대한 의지가 나의 의지보다 훨씬 강해 보였다.

대가리가 잘려 나가도 펄떡이는 생선을 보니 미안하다. 내장 사이로 수천수만 개의 알이 흘러나오는 어미에게는 더더욱 미안하다. 내가 뭐라고 함부로 몇 십 마리나 되는 생선의 생명을 빼앗는 것일까. 죄책감이 들어 독실한 불교 신도인 친구에게 나의 살생이 합당한지 물었다. 친구는 그 생선은 어망에 잡히는 순간 죽을 운명을 부여받았고, 나는 다른 사람들의 행복한 일상에 도움을 주는 음식을 제공하는 것이니 자책할 필요가 없다고 했다.

생선 비늘을 벗겨내는 탈피기를 처음 보았을 때는, 제빵 공장에서 일하다 사망한 직원의 안타까운 소식이 떠올랐다. 이제 내 인생에 남은 자산은 몸뚱이밖에 없는데 이것마저 잃을 순 없어서, 탈피기를 사용할 때는 온 정신을 집중했다.

주방 사람들의 설명에 따르면, 장갑이 탈피기에 끼이면 생선 비늘처럼 빨려 들어간다고 한다. 무서워서 그만두고 싶을 때가 많지만, 탈피기보다 더 무서운 은행 빚을 갚기 위해 나는 이 일을 해내야 한다.

불과 3개월 전 나는 헝가리의 어느 사무실에서 컴퓨터 키보드를 두드리고 있었다. 내가 선택한 길인데도 갑작스러운 변화에 적응이 되지 않았다. 도축장에 강제로 끌려온 짐승과 내가 별다를 바 없다고 생각했다. 그럴 때마다 나는 거울을 보면서 울었다. 울음을 그친 뒤에는 엉망이 된 얼굴을 보며 다짐했다. 정신 바짝 차리고 일하자. 절대 다치면 안 된다. 이제 나에게 남은 건 몸뚱이 하나뿐이다.

27

고소, 그리고 MBC 인터뷰

2023년 5월 3일.

나를 포함한 리첸스 빌라 입주자들이 건물주와 부동산 사장을 고소했다. 기억을 떠올려 고소장을 쓰고 경찰서에 가서 접수를 하고, 형사 앞에서 진술하는 과정을 상상하는 것만으로도 고통스러워서 그동안 고소를 미룬 것이 사실이었다.

고소를 한다고 전세 보증금을 돌려받을 수 있는 것도 아니었다. 일이 잘 진행되어봤자 건물주가 아주 짧은 징역을 살고 나올 것이라 예상했다. 고작 그 정도 결과를 얻기 위해 내 정신력을 낭비하기 싫었고, 그럴 만한 마음의 여유도 없었다.

하지만 상황이 달라졌다. 최우선변제금도 못 받는 상황이 되고 보니 이제는 지푸라기라도 잡아야 했다. 고소를 해서라도 내 분노를 조금이나마 표출해야 했다. 건물주와 부동산 사장이 꼭 교도소에 가길 바라며 유서를 쓰듯 한 자 한 자 마음을 담아 고소장을 썼다.

이렇게 리첸스 빌라 전세 사기 사건은 천안서북경찰서에 형사 사건으로 정식 접수되었다.

다음 날인 5월 4일, 피해자들이 모인 단체 채팅방에 공지사항이 올라왔다. 입주자들 중에서도 유달리 적극적으로 우리 사건을 공론화하려 애쓰신 지영 님이 대전 MBC와 인터뷰를 잡았다고 했다. 참여하고 싶은 분이 있으면 연락 달라고, 함께하자고 독려하셨지만 미안하게도 나를 포함한 누구도 인터뷰에 참여하겠다는 의사를 밝히지 않았다.

내가 인터뷰 참여를 주저했던 이유는 두 가지였다. 먼저, 내가 전세 사기 피해자라는 사실을 주변에서 알게 되는 것이 두려웠다. 나는 헝가리에서 함께 지냈던 룸메이트 동생과 부모님을 제외하고는 그동안 아무에게도 피해 사실을 말한 적이 없었다. 두 번째는, 인터뷰를 해봤자 달라질 것은 없다는 생각에 의욕이 생기지 않았다.

하지만 이내 생각을 고쳐먹었다. 내가 소액 임차인 조건에 해당되지 않아 최우선변제금조차 받지 못하게 되었다는 사실을 떠올릴수록 온 세상에 나의 억울한 사정을 호소하고 싶었다. 내가 무지했던 부분이 전혀 없다고 할 순 없지만, 법을 잘 몰라서 계약 전에 더 철저하게 확인하지 못한 것과, 법을 어기면서까지 타인의 돈을 가로채는 것은 차원이 다르니까.

무엇보다 나 같은 피해자가 한 명이라도 줄어들기를 바라는 마음이 간절했다. 대다수 건물주는 평범한 사람들보다 지식, 정보, 자산이 많다. 부동산 중개 경험이 많은 공인중개사 상당수는 우리 부모님 세대다. 아무리 돈이 좋아도 자식뻘인 사회 초년생이나 새로운 출발을 앞둔 신혼부부를 속이면서까지 돈을 벌고 싶을까?

지영 님이 먼저 인터뷰를 시작했다. 단체 채팅방에서만 볼 때는 몰랐는데, 알고 보니 지영 님 또한 눈물을 참기 힘들 정도로 안타까운 사연을 가지고 있었다.

간호사인 지영 님은 대학 졸업 후 스물네 살 때부터 주야간 교대 근무를 하며 착실히 전세금을 모았다. 오랫동안 사귄 남자친구와 2022년에 결혼할 계획이었지만, 재작년에 경매 사건이 터지면서 아직까지도 결혼을 미루고 있었다. 교대 근무를 하는 피곤한 일상에도 잠을 줄여가며 경매 절차를 공부했다.

인간이 살면서 경험하는 다양한 행복을 순위로 매긴다면, 결혼은 압도적으로 높은 순위에 있지 않을까? 열심히 살아가는 성실한 청년의 가장 행복한 계획을 망쳐놓은 건물주와 부동산 사장은 반드시 불행해져야 한다. 지영 님은 범죄자들이 평생 누릴 행복의 총량보다 훨씬 행복한 삶을 살 자격이 있다.

지영 님은 본인의 전셋집을 직접 낙찰받으려고 3차 경매일인 4월 7일에 법원에 갔다가 큰 상처를 받았다고도 했다. 그 자리에 몇몇 전세 사기 피해자들이 있는데도 일부 경매 참가자들은 10만 원을 더 쓰지 않아 유찰되었다며 큰 소리로 탄식하는 것을 보면서 인간 혐오증이 생길 것 같았다고 했다.

현재 경찰 수사를 받고 있는 건물주가 압류된 집에서 계속 살고 있다는 소식도 지영 님을 통해 들을 수 있었다. 건물주가 전 재산을 은닉해 지금 그 사람의 통장에는 현금 1,000원이 남아 있다는 사실도 함께.

40여 세대의 전세금만 모아도 30억 원 가까이 될 텐데 그 돈은 지금 다 어디 있을까? 그 돈은 나의 조종사 훈련비이자 지영 님의 결혼 자금이고 다른 피해자들이 흘린 피땀눈물의 결과물이다. 우리의 꿈과 희망은 강원도 평창의 어느 배추밭에 묻혀 있을까? 아니면 천안 독립기념관 부근의 어느 공터에 숨겨져 있을까? 우리 인생을 철저히 짓밟은 건물주는 1원도 반납하지 않은 채 길어야 겨우 2~3년 징역형을 선고받을 것이다. 교도소에서 우리가 내는 세금으로 자고 먹고 입으며 지내다가 모범수로 조기 출소하겠지. 그 인간은 분명 꽁꽁 숨겨두었던 우리 돈으로 비싼 밥을 먹고 골프를 치고 해외여행을 다니며 편하게 살 것이다. 아니, 어쩌면 대형 로펌이나 전관예우를 받는 검사, 판사 출신 변호사를 고용해 무죄나 집행유예를 선고받고 신나게 법원을 나설 수도 있다. 정말 불공평한 세상이다.

나는 지영 님처럼 조목조목하게 그동안 겪은 일을 설명할 자신이 없어서, 내 슬픔과 억울함을 호소하는 방식으로 인터뷰에 응했다. 전세금 5,800만 원을 어떻게 마련했는지, 왜 얼마 전까지만 해도 공인중개사를 믿을 수밖에 없었는지 등을 차분히 설명하려 했다.

하지만 진행자가 앞으로 어떻게 할 계획이냐고 묻는 말에는 도저히 감정을 주체할 수 없었다. 그 돈은 내 꿈의 밑천이었다는 사실과, 그 돈을 다시 마련하기 위해 지금 어떻게 살고 있는지 그리고 향후 계획을 말할 때는 담임 선생님 앞에서 자신의 실수를 고백하는 어린아이처럼 눈물을 흘렸다. 나의 흐느낌에 지영 님의 눈가도 그렁그렁해졌다. 진행자는 인터뷰를 더 진행하지도, 중단하지도 못한 채 안쓰러운 눈빛으로 우리를 바라보았다.

28

죽지 말아요, 우리

나는 초밥집으로 출근할 때 자전거를 이용한다. 평소처럼 출근하던 어느 날 아침, 하필 자전거에 펑크가 나버렸다. 쉬이익. 뒷바퀴에서 바람이 빠져나가는 소리를 듣는 순간, 눈물이 핑 돌더니 목구멍에서 뜨거운 것이 올라왔다.

오늘 하루를 버틴다는 심정으로 겨우 살아가는 내 가슴속에도 구멍이 뚫린 기분이었다. 온몸의 힘이 스르르 빠지는 듯했지만, 그렇다고 일을 안 할 수는 없다. 멀쩡한 앞바퀴와 자전거 휠에 의지하며 겨우 초밥집까지 달렸다. 바람 빠진 뒷바퀴를 질질

끌며 꾸역꾸역 나아가는 이 자전거가 지금 내 상황과 너무 비슷해 보였다.

대전 MBC 인터뷰 때도 이 이야기를 하면서, 살아갈 힘이 없지만 차마 죽지도 못해 살고 있다고 답변했다. 뒷바퀴는 그날 자전거 매장에서 1만 5,000원을 주고 수리했다. 하지만 내 가슴에 생긴 구멍은 어떻게 메워야 할지, 돈이 술술 새는 통장은 어디서 어떻게 막아야 할지 전혀 모르겠다고도 말했다.

어느새 나는 사소한 일로도 아주 쉽게 무너지는 사람이 되었다. 아이스 아메리카노를 다 마시기 전에 얼음이 녹아버리는 정도로도 속에서 뜨거운 덩어리가 울컥 올라온다. 더 이상 차갑지 않은 커피를 마셔야 하는 몇 분이 무너질 듯 고통스럽다.

다른 전세 사기 피해자들도 내 상황과 크게 다르지 않았다. 그나마 지영 님이나 나 같은 직장인들은 월급 하나만 바라보며 이를 악물고 버틸 수 있었다. 그런데 대학생이나 취업준비생처럼 경제력이 없는 분들은 지금쯤 무슨 정신으로 살고 있을까? 내가 감히 그분들의 어려움을 짐작할 수는 없지만, 아마 빚이라는 무거운 쇳덩이를 양 발목에 묶고 등산로 입구에 선 심정이지 않을까.

단체 채팅방에 모인 피해자들의 프로필 사진을 차례로 넘겨 보고 있노라면 누구 하나 젊고 아름답고 멋지지 않은 분이 없다. 캠퍼스에서 활짝 웃는 학생부터 반짝반짝 빛나는 예비 부부, 세상에서 가장 행복해 보이는 결혼사진, 순수함 그 자체인 갓난아기까지, 피해 금액이나 몇 호 거주자라는 명칭만으로는 알 수 없는 한 명 한 명의 인생이 선명하게 보이는 듯하다.

빛나는 삶을 살아보기도 전에 전세 사기를 당해 스스로 세상을 등진 어느 대학생의 소식을 뉴스에서 본 적이 있다. 보도에 따르면, 고인은 대출금과 이자를 감당하기 위해 두 가지 아르바이트를 했다. 고인이 사망하기 전 부모님께 2만 원을 보내달라는 메시지를 보냈는데, 그게 마지막 연락이었다고 한다.

인터뷰를 할 때 지금쯤 모든 전세 사기 피해자들이 나와 똑같은 심경일 것이라고 답변했다. 우리는 극단적 선택과 가장 가까운 곳에서 살고 있다고. 모두가 잘 살기를 바란다고. 나와 지영 님처럼 이미 낙찰까지 끝난 피해자들은 이제 현실적으로 어떤 구제도 기대할 수 없다. 다만, 이 사태를 계기로 법이 개정되어 더 이상 사회 초년생들이 피눈물 흘리는 일이 없기를 바란다고 간절하게 호소했다.

인터뷰의 절반 정도는 거의 오열 속에서 진행되었기 때문에 방송국 입장에서는 내가 답변을 마친 건지 울음을 멈춘 건지 헷갈렸을지도 모르겠다. 인터뷰 진행자는 나와 지영 님과 비슷한 또래인 30대 초반이었고 내가 3년 동안 5,000만 원 정도를 모으기까지 얼마나 절약하고 살았을지 상상이 된다고 말해주었다.

부모님과 룸메이트 동생을 제외하고는 누구에게도 하지 못했던 이야기를 카메라 앞에서 털어놓으니 생각보다 후련했다. 내 이야기를 중간에 끊지 않고, 재촉하거나 다그치지도 않고 끝까지 들어주는 누군가가 있다는 게 감사했다. 책을 쓰면서도 같은 생각을 했다. 전세 사기 피해자들의 분노와 억울함에 공감해주는 사람들이 훨씬 더 많아졌으면 좋겠다.

29

빚이 있다고 인생이 끝나는 건 아니니까

회사를 다닐 때부터 힘들면 종종 건물 옥상에 올라가 하늘을 바라보곤 했다. 캄캄한 하늘, 어두운 밤거리를 가만히 응시하면 마치 블랙홀처럼 몸이 빨려 들어가는 것 같았다. 옥상에서 점프를 하면 바닥으로 추락하는 게 아닌, 날개가 돋아나 하늘을 날 것이라는 비현실적인 상상을 할 때도 있었다.

　실제로 옥상 난간에 올라간 적도 있다. 다만, 그날 이후로는 한동안 술을 마시지 않았다. 홧김에 정말 극단적인 선택을 할 것 같았으니까. 죽고 싶다는 말을 입 밖으로 꺼내지도 않았다.

말이 씨가 된다는 것을 알고 있으니까.

앞에서 죽지 말자고 언급했지만, 사실 학창 시절 죽고 싶다는 생각을 정말 진지하게 한 적이 있다. 껌 하나도 반쪽으로 나눠 먹을 정도로 검소하신 어머니는 내가 최고의 교육을 받을 수 있도록 헌신적으로 뒷바라지해주셨다. 하지만 병적인 수준의 헌신이 오히려 나를 옭아맸다. 어머니는 내가 명문대를 졸업하고 좋은 직장에 취업하길 바라셨지만, 그 바람이 나에겐 학대처럼 느껴졌다. 초등학교 2학년 때부터 학원을 다섯 개씩 다녔고, 6학년 때는 교육의 성지라는 대치동으로 이사했다. 부모님은 나의 성공을 위해 아낌없이 밀어주셨지만 정작 나는 부모님께 등이 떠밀려 벼랑 끝까지 내몰렸다.

하루는 학원에 가기가 너무 싫어서 PC방에 간 적이 있다. 갑자기 등골이 서늘해져서 고개를 들어보니 어머니가 나를 바라보고 계셨다. 태어나 처음 보는 표정이었다. 그날 어머니는 나에게 함께 다리로 가자 하셨고, 다리에 도착해서는 함께 떨어져 죽자고 하셨다.

이 일은 지금도 나에게 큰 상처로 남아 있는데, 나중에 알고보니 이 시기에 어머니는 아버지의 사업 실패로 빚을 대신 갚고 계셨다. 세상을 등지고 싶을 정도로 고통스러운 시간을 자식만 바라보며 버티고 있는데, 내가 하라는 공부는 안 하고 PC방에서 시간을 보내니 그 순간 무너지셨던 게 아닐까.

어찌되었든, 싫어하는 공부를 억지로 하다 보니 건강이 안 좋아졌다. 한의원에 가면 위가 뜨겁다고, 미용실에 가면 두피에 두드러기가 많다고, 치과에 가면 잇몸이 잔뜩 부어 있다고 했다. '스트레스를 많이 받느냐'는 질문을 어딜 가도 들었다. 틱, ADHD, 우울증 등 사춘기 청소년이 겪을 수 있는 어지간한 신경정신과 관련 질병은 다 앓았다.

삼수를 하던 시기에는 뉴스에서 접한 노숙인의 겨울철 동사 사고가 생각나 흉내를 내어보기도 했고, 영동대교에서 달리는 차량에 뛰어들까도 생각했다. 결과적으로 죽지 못했으니, 어쩌면 정말 죽을 만큼 힘들지는 않았을 수도 있다. 죽는 데도 용기가 필요한데 나에게는 그 정도의 용기가 없었다.

머릿속에 자살 생각이 가득했던 학창 시절, 마포대교에 자살 방지 펜스가 설치되었다는 소식을 듣고 가보았다. 그저 위로받고 싶었다. 펜스에 새겨진 '밥 먹었니'라는 한마디가 슬프고 지치고 억울한 마음을 보듬어주었다. 집으로 돌아오면서 한참을 울었다.

인생에서 돈은 너무나 중요하다. 많으면 많을수록 더 좋다. 없으면 힘들고 슬프다. 하지만 돈이 없다고, 빚이 있다고 죽는 것은 아니다. 돈이 많다고 목숨이 하나 더 생기는 것도 아니다. 죽고 싶은 순간도 있었고 자살을 시도했던 적도 있지만, 내 앞에 그 어떤 사건이 놓이고 내 인생이 송두리째 뽑혀 나간다 해도, 이제는 어떻게든 살아야겠다고 다짐한다.

살다 보면 언젠가는 다시 웃을 날이 오겠지. 죽지 않고 살아온 어제의 나에게 고맙고, 지금처럼 열심히 살아갈 내일의 나에게 너무나 미안하다. 이 시간은 반드시 지나갈 것이고, 나는 더 강해질 것이다. 그깟 돈 때문에 저버리기에, 내 삶은 정말 소중하고 귀하다. 모든 전세 사기 피해자들의 삶 또한 마찬가지다.

지금 이 시간에도 지옥 같은 시간을 보내고 있을 모든 분을 응원한다. 죽지 말자. 어떻게든 살아남자.

30

지
금
은

신
라
면
도

사
치
다

해가 뜨면 일어나 어딘가로 출근하는 생활만 놓고 보면 아르바
이트를 하는 것과 직장인으로 사는 것에 큰 차이가 없다. 하지
만 시급을 받는 삶과 월급을 받는 삶은 분명 달랐다. 특히 아르
바이트를 시작한 지 얼마 안 되었을 때는 당장의 카드빚도 문
제였지만 현금이 모두 떨어져 기본적인 먹거리조차 살 수 없었
다. 통장에 352만 원이 있었지만 이번 달 카드값과 카드론 이
자까지 빠져나갈 돈만 350만 원이었다. 부모님께 용돈 정도는
도와달라고 요청할 수도 있었지만, 서른 넘은 아들이 장 볼 비

용조차 없다는 사실을 알면 너무 힘들어하실까 봐 연락을 할수도 없었다.

퇴근 후 라면을 사러 마트에 간 날이었다. 나는 마트에 가면 가장 먼저 밀키트 코너로 간다. 두세 시간 지나면 폐기 처리되는 유통기한 임박 제품은 최대 80퍼센트까지 세일을 하기 때문이다. 매대에서 이런 제품을 발견하면 신이 나서 남들이 고르지 않아 유통기한 임박 상품이 된 밀키트를 쓸어 담곤 했다.

아쉽게도 그날은 80퍼센트 세일을 하는 밀키트가 없었다. 하는 수 없이 라면 코너로 가는데 큼지막한 행사 부스가 보였다. 냉장용 닭날개가 1만 원에 원 플러스 원으로 판매되고 있었다. 대출금에 시달리느라 입맛이 없었지만 그날은 갑자기 닭날개를 먹고 싶었다. 오늘도 열두 시간을 일하느라 고생한 나에게 선물을 주고 싶었다. 프랜차이즈 치킨집에서 배달시킨 치킨보다 요리사인 내가 직접 조리한 닭날개가 훨씬 근사할 것이다.

입 안 가득 달콤짭짤한 닭날개 맛이 느껴지는 순간, 역시나 1만 원에 네 개를 살 수 있는 수입 캔맥주도 당겼다. 집에 도착하자마자 물에 적신 휴지로 캔맥주를 감싸 냉동실에 넣어두면 샤워가 끝날 때쯤 모공 하나하나가 전부 열릴 정도로 시원해져 있을 것이다. 단돈 2만 원이면 닭날개와 맥주를 먹을 수 있다. 게다가 닭날개는 최소 세 번, 맥주도 한 번은 더 먹을 수 있지 않을까. 머릿속으로 빠르게 가성비를 계산하며 2만 원을 써야 할 이유를 찾았다.

아마 예전 같았으면 이미 계산대 앞에 서 있었을 것이다. 하지만 식탐 강한 내가 이날은 음식을 사는 데 2만 원도 쓰지 못하고 돌아설 수밖에 없었다. 이걸 사면 이번 달 대출금이 부족해진다. 그 생각을 하니 갑자기 닭날개를 너무 먹고 싶어 미칠 것 같았다. 그래도 안 된다. 꿩 대신 닭이라고 신라면을 집으려는데, 내가 한 번도 사본 적 없는 라면이 바로 옆에서 원 플러스 원 행사 중이었다. 신라면 앞에 서서 한참을 망설이다가 결국 행사 중인 라면을 집어 들었다.

열두 시간 동안 식당에서 남들이 먹을 비싸고 맛있는 음식을 만들었는데, 정작 나는 닭날개에 맥주는커녕 신라면조차 마음 편히 사지 못한다는 현실이 너무 비참했다. 또다시 눈시울이 빨개졌다. 마트 안에서 다 큰 성인이 눈물을 흘리는 게 창피해서 고개를 숙이고 빠르게 셀프 계산을 마쳤다. 늘 다니던 넓은 대로변이 아닌 좁은 골목길로 들어가, 창피한 줄도 모른 채 엉엉 울며 집으로 향했다. 집에 도착해서 끓여 먹은 행사 라면은 더럽게 맛이 없었다. 너무 맛이 없어서 또 눈물이 나왔다. 이 글을 쓰는 지금도 그 라면을 먹던 때의 나를 안아주고 싶을 정도로, 정말 소름 끼치게 맛이 없었다.

달랑 80만 원을 가지고 호주로 워킹홀리데이를 떠난 스물한 살의 내가 떠오른다. 한인마트에서 1만 원을 주고 산 500그램짜리 김치를 아끼기 위해, 라면을 먹을 때도 최대 세 점만 먹었다. 그렇게 소중한 김치를 친구들이 단번에 먹어치웠을 때, 말은 못했지만 심장이 아파왔다. 그날, 친구들이 돌아간 뒤 봉지 안에 남아 있던 국물을 커피처럼 마셨다.

서른둘의 나는 왜 아직도 먹을 것을 걱정하고 있을까. 열심히, 성실하게 살아왔다고 생각하는데 어디서부터 잘못된 걸까. 대형마트도 닭날개도 싫다. 핸드폰으로 손가락 한 번만 클릭하면 집 앞까지 배달해주는 브랜드 치킨을 먹고 싶다.

돈이 없을 때 가장 쉽게 돈을 아낄 수 있는 방법은 밥을 안 먹는 것이다. 돈이 없을 때 가장 서러운 일은 먹고 싶은 음식을 못 먹는 것이다. 입국할 때 83킬로그램이었던 몸무게가 5개월 만에 70킬로그램이 되었다.

31

엄마, 용돈 좀 보내주세요

용돈은 10대, 20대와 어울리는 단어다. 30대와 용돈이 어울리려면 부모님이든 동생이든 조카든, 누군가에게 용돈을 주는 입장이 되어야 한다. 첫 월급을 받았을 때, 성과급이 나왔을 때, 백화점 상품권이 지급되었을 때도 부모님께 드리는 것이 너무나 자연스러웠다.

나이 서른둘에 부모님께 다시 용돈을 받게 되면서, 부모님은 전생에 나에게 무슨 죄를 지으셨을까 생각했다. 헝가리에서 퇴사한 후 2개월간 백수로 지냈기 때문에 한국에 들어왔을 때는 당장의 대출금을 갚을 능력이 없었다. 아니, 대출금은커녕 기본적인 일상을 꾸려갈 최소한의 생활비조차 없었다.

4월 초, 어머니에게 150만 원을 빌려 대출금을 갚았고 2개월 정도는 어머니의 카드로 생활했다. 5월부터는 내가 부모님께 매달 100만 원을 드리는 조건으로 1,000만 원이 넘는 빚을 대신 갚아주셨다. 가지고 계셨던 현금으로 갚아주신 것이 아니라, 나를 위해 어머니 명의로 대출을 받으셨다. 내가 대출을 받으면 이자가 10퍼센트대였지만 부모님은 6퍼센트대로 받으실 수 있었는데, 부모님은 이자율을 무기 삼아 당신들의 도움을 절대 받지 않겠다는 내 고집을 꺾으셨다. 덕분에 저녁 아르바이트를 그만둘 수 있었다.

장범준의 노래 〈엄마 용돈 좀 보내주세요〉를 듣고 있으면 눈물이 난다. 가사 중 '20대가 끝나고 나면 이 모든 것들은 내 탓이었다고 말할 수 있게'라는 부분이 있다. 서른둘이 되었는데도 아직 용돈을 받는 내가 초라하고 비참하다. 코인 노래방에서 1,000원을 넣고 오열하며 이 노래를 세 번 연달아 불렀다. 제정신으로는 할 수 없는 말이지만, 지금 나는 엄마에게 용돈을 달라고 노래를 불러도, 엄마 앞에서 마음껏 울어도 된다. 한바탕 울고 나면 마음이 후련하다.

엄마에게 전활 거네

엄마 조만간 집에 내려갈게요

엄마에게 전활 거네

엄마 조금만 더 기다려줘요

모든 걸 다 줘도 정말 괜찮나요

코인 노래방을 나서면서 언젠간 반드시 부모님께 효도를 하
리라 다짐했다. 어린 시절, 부모님이 맞벌이를 하셔서 방학이
되면 외할머니가 나를 보살펴주셨다. 지금은 돌아가신 외할머
니에게 죄송한 마음이 들 때마다, 나중에 부모님을 떠올렸을 때
같은 후회를 하는 일이 없게 할 것이다.

32

낙찰자가 새로운 집주인이 되었다

2023년 5월 8일은 낙찰금 잔금 납입일이었다. 날짜가 다가올 수록 낙찰자로부터 하루가 멀다고 연락이 왔다. 내 사정을 조금이라도 배려해주기 위한 연락이었다면 좋았겠지만, 내가 받는 문자는 은근한 강요와 회유였다. 평소 주차장에서 본 적 없었던 고급 차량들도 자주 보이기 시작했다. 엘리베이터나 복도에서 마주치는 사람들의 옷차림만 보고도 저 사람이 낙찰자인지 입주자인지 구분할 수 있었다.

감정 평가액의 절반 수준, 전세금보다는 70퍼센트 정도 낮은 가격에 이 집을 낙찰받은 사람들. 이들과 우리 같은 피해자들의 차이점은 무엇일까? 이들에게 집은 사는live 곳이 아니라 사서buy 자산을 불리는 수단이고, 나에게 집은 평생의 꿈을 이루게 해줄 발판이자 30년간 열심히 살아왔다는 결과물이다. 부동산 전문가가 아니어서 공인중개사에게 수수료를 지급하고 합당한 절차를 거쳐 전세를 얻었는데, 낙찰자들 눈에는 이런 노력도 바보들이나 하는 멍청한 선택으로 보일 수 있겠다는 생각이 들었다. 그나마 다행인 건 깡패 용역들이 곤봉을 들고 찾아와 입주자들을 협박하는 식으로 공포 분위기를 조성하는 일은 일어나지 않았다는 점이다.

꿈을 꾸었다. 집안 곳곳에 물이 샌다. 벽마다 갈라진 틈이 벌어질수록 물줄기도 강해진다. 틈 사이를 휴지로 메워보지만 영화 같은 일은 일어나지 않는다.

어느새 틈은 걷잡을 수 없이 벌어진다. 천장이 무너지고 폭포처럼 물이 쏟아져 방 안을 가득 채운다. 침대까지 물이 차올라 누워 있을 수가 없다. 차오르는 물을 피해 의자, 식탁, 책장 위로 올라가지만 더 이상 피할 곳이 없다. 물에 젖은 발이 미끄러지면서 물속에 잠길 찰나, 잠에서 깨어났다. 얼굴 베개 이불 할 것 없이 땀과 눈물로 범벅이 되어 있었다. 집에서 쫓겨나면 이불은 버리고 가야겠다.

핸드폰을 확인하니 내가 낙찰자에게 제안했던 두 가지 조건에 대한 답변이 와 있었다. 내가 제안한 두 가지는 3개월 무상 거주 또는 이사비 150만 원 지원이었다. 낙찰자는 두 번째 제안과 관련해 낙찰가 4,400만 원에 비하면 이사비 150만 원은 너무 비싸다, 대신 자신이 제시하는 조건을 이행하면 이사비를 주겠다고 했다. 그가 제안한 조건은 관리비 10만 원과 입주 청소 수준의 청결 유지, 5월 20일 이전 퇴거였다. 한마디로 이사비 130만 원 정도를 받고 2주 안에 나가라는 뜻이었다.

낙찰자는 분명 나에게 이사 날짜를 '제안'했지만 문자에서 느껴지는 그의 태도는 제안하는 사람의 그것이 아니었다. 내 처지를 고려해 큰 선심이라도 쓰겠다는 듯한 뉘앙스를 자아내고 있었다. 이곳은 내 돈을 주고 들어온 내 전셋집인데 건물주도 아닌 난생처음 보는 사람이 집주인 행세를 한다니.

그동안 전세 반환금을 떼일까 봐 못 하나 제대로 박지 않고 애지중지하던 집을 갈기갈기 찢어버리고 명도소송을 대비할까 생각해보았다. 하지만 낙찰자는 건축 회사에서 일하는 사람이다. 경험도, 자본도 나와 비교가 되지 않게 충분할 것이고 나 같은 애송이를 상대하는 것은 식은 죽 먹기일 것이다.

낙찰자가 잔금을 입금하는 순간 집에 대한 권리를 갖고, 전세 사기 피해자는 그 집을 불법 점유하는 사람이 된다. 한 달이 지나면 낙찰자와 불법 점유자에게는 인도명령이 내려진다. 새로운 집주인이 된 낙찰자는 명도소송 후 집에 대해 강제집행을 신청할 수 있는 자격이 생긴다. 강제집행을 신청하고 2~3개월이 지나 심사와 강제집행을 통보한 후에는 용역업체 사람들이 찾아와 '합법적으로' 문을 강제 개방하고 가구를 모조리 빼낸 뒤 불법 점유자를 내쫓을 수 있다. 그것으로도 모자라 불법 점유한 기간 동안의 집값, 관리비, 강제집행 비용 일부를 불법 점유자에게 청구할 수 있다.

전세 사기 피해자에서 졸지에 불법 점유자로 신분이 전환될 위기에 처한 나는 이번에도 사정할 수밖에 없었다. 이전에 제안했던 조건에 낙찰자 입장에서 유리하다고 느낄 만한 항목 몇 가지를 추가해 한 번 더 애원했다.

낙찰자님 안녕하세요? 답변이 늦어져서 죄송합니다.

낙찰자님에게 이 집은 4,400만 원이지만 저의 전세금은 5,800만 원이었고 아직도 은행 빚만 1,000만 원 넘게 남아 있는 보금자리입니다.

저의 제안을 어느 정도 수락해주셔서 감사합니다만, 안타깝게도 원하시는 조건에는 응하기 어렵습니다. 두 번째 제안의 경우 처음에는 200만 원을 생각했다가 좀 더 현실적인 조건을 말씀드린 건데 공과금과 입주 청소 비용까지 부담하면서 당장 2주 후 나가기가 어려운 상황입니다.

대신 첫 번째 제안에 몇 가지 조건을 추가해 제안드립니다. 부디
간곡하게 부탁드리겠습니다.

1. 늦어도 5개월 안에 나가겠습니다. 가급적이면 3~4개월 안에
   최대한 빨리 나가도록 노력하겠습니다. 5개월 안에 나가지 않
   으면 '월세 두 배 인상'과 같은 페널티를 감당한다는 내용을 계
   약서에 명시하셔도 좋습니다.
2. 퇴거 시에 관리비를 완납하고 입주 청소비 10만 원을 지급하겠
   습니다.
3. 위의 두 가지 내용이 명시된 계약서를 작성한 후에는, 다음 세
   입자가 집을 보러 올 때 적극 협조하겠습니다.

여기까지가 제가 부탁드리는 사항입니다. 부디 긍정적으로 검토
해주시면 감사하겠습니다. 즐거운 주말 보내세요.

낙찰자가 이 제안을 수락해준 덕분에, 나는 두 번째 집주인
이 된 그와 확약서를 작성할 수 있었다.

나는 이미 새로운 집주인에게 목이 땡인 물고기 신세였다.
나에게 유리한 조건이 거의 없는데도 내 집에서 몇 달 더 살게
해준 그에게 고개 숙여 감사 인사를 해야 했다.

새로운 집주인은 나의 제안을 모두 확약서에 적어넣었다. 인도명령, 강제집행 협조, 거부 불가 같은 문구도 함께 기입했다. 마지막으로, 법원에서 자신의 집이라고 확인해준 나의 집에서 그는 너무도 당연하다는 듯이 어떤 허락도 구하지 않고 집안 구석구석 사진을 찍었다. 거실, 주방, 침실, 욕실 할 것 없이 사진이 찍힐 때마다 내가 발가벗겨진 상태로 사진에 찍히는 심정이었다.

집주인이 돌아간 뒤 창밖을 내다보았다. 그날따라 노을이 참 아름다웠다. 빨간색과 주황색과 노란색이 이리저리 섞이며 하늘을 온통 물들이고 있었다. 이윽고 짙은 남색이 내려앉더니 어느새 내 미래처럼 아무것도 보이지 않는 캄캄한 밤이 되었다.

시간 가는 줄 모르고 그 모습을 물끄러미 바라보다가, 오늘이 어버이날이라는 사실을 알아차렸다. 핸드폰을 열고 네이버 쇼핑몰에 접속했다. 최저가로 검색해 1만 원대의 영양제 한 통을 부모님 댁으로 보냈다. 나는 잘 살고 있고 앞으로도 잘 살 테니 내 걱정은 하지 말라고 카카오톡 메신저를 보냈다. 물론 거짓말이었다. 내가 앞으로 잘 살 수 있을지 확신이 들지 않았다. 그래도 괜찮다. 내 인생은 나만 걱정하면 된다.

33

피해자를 적대세력이라 부르는 나라

2023년 5월 23일.

일을 하고 있는데 도시가스에서 연락이 왔다. 내가 전출 사유로 가스 검침을 신청했다는 것이다. 나는 가스 검침을 신청한 적이 없었다. 당연히 주택관리소에서 신청했을 것이라 생각하고 무시했다.

  퇴근 후, 샤워를 하려고 물을 틀고 늘 하던 대로 샤워기 레버를 왼쪽으로 돌린 다음 양치질을 했다. 평소 같으면 치약을 짜서 한쪽 양치질을 마치는 동안 물이 따뜻해져 욕실 안이 금방

더운 수증기로 자욱해졌다. 그런데 이날은 아무리 기다려도 물이 데워지지 않았다. 이를 다 닦고 나서도 마찬가지였다.

보일러가 고장 났나? 아무리 사소한 것이라도 내가 바라거나 필요로 하는 건 매번 장애물이 생기는구나. 피곤에 절은 몸을 데울 온수조차 금방 나오지 않는다니. 관리사무소에 가서 물어봐야지.

순간, 낮에 있었던 일이 머리를 스쳤다. 도시가스에서 연락이 왔었지. 후다닥 전화를 해보니 담당자가 말하길, 1004호 입주자는 적대세력이니 주택관리소에서 가스를 끊으라고 했단다. 이 주택관리소는 외부 사설업체였다.

적대세력.

30년 넘게 살면서 가끔 뉴스에서나 들었던, 나와는 아무 관련이 없는 단어가 내 귀에 박혔다. 적대세력이라는 단어와 나란히 있으면 어울릴 만한 단어들이 뒤이어 떠올랐다. 빨갱이, 간첩, 폭도, 종북세력, 범죄자…… 전세 사기를 당했을 뿐인데 어느새 나는 국가의 안보와 선량한 시민들의 안전을 위협하는 극악무도한 흉악범이 되어 있었다.

전화를 끊자마자 침대 위에 쓰러졌다. 침대가 관처럼 느껴졌다. 희고 푹신한 퀸 사이즈 관에서 죽은 사람처럼 가만히 누운 채 새하얀 천장을 물끄러미 올려다보았다. 초밥집에서 잔뜩 밴 생선 비린내와 초대리 냄새를 씻어내지도 못한 채.

세계 고전명작으로 손꼽히는 〈레 미제라블〉에는 딸의 양육비를 벌기 위해 매춘을 하는 판틴이 등장한다. 그녀는 매춘을 하기 전에 생니를 뽑고 머리카락을 잘라 판다. 그래도 부족한 양육비를 충당하기 위해 몸을 파는데, 그때 그녀의 대사 중 이런 내용이 있었다. '그들은 모를 것이다. 이미 죽은 사람과 사랑을 나눈다는 걸.'

리첸스 빌라 1004호 침대라는 관 속에서, 시간 가는 줄 모른 채 한참을 가만히 누워 있었다. 살아 있을 기운도 없었지만 그렇다고 죽을 용기도 없었다. 산송장이나 다름없는 몸에 파리가 꼬여도, 모기떼가 들러붙어 피를 뽑아도 그것들을 물끄러미 지켜볼 수밖에 없을 정도로 온몸의 기운이 다 빠졌다.

관리사무소에 전화를 해야겠다고 머리로는 생각했지만, 전신이 마비된 것 같았다. 따뜻한 물로 피로를 풀어주지 않았다고 온몸의 뼈와 근육이 움직이기를 거부하는 것 같았다. 겨우 몸을 일으켜 관리사무소장에게 연락했다.

"가스는 저희 소관이 아닙니다. 혹시 가스비를 안 내셨나요?"

"요새 자금 사정이 좋지 않아 밀리긴 했어요. 그런데 미납이라고 해봤자 한두 달밖에 안 되는데요?"

"가스비는 원래 한 달만 밀려도 끊겨요. 혹시 낙찰자분이랑 합의를 하셨나요?"

"네. 10월 8일 이전에 나가기로 합의했습니다."

"확인해보고 연락드릴게요."

몇 분 뒤, 내일부터는 다시 가스가 들어올 것이라는 답변이 왔다. 나는 알고 있었다. 헝가리에서 지낼 때, 1년 6개월 동안 가스비를 내지 않았지만 가스는 끊기지 않았다. 분명 주택관리소와 낙찰자들이 감히 전세 사기 피해자 주제에 자신들의 집을 차지하고 있는 적대세력을 빨리 내쫓으려고 가스를 끊은 것이 분명하다. 그게 아니라면, 가스가 나오지 않는 문제를 이야기하다가 갑자기 낙찰자와 합의를 했는지 묻는 건 말이 안 된다. 내가 만약 낙찰자와 끝내 합의하지 못하고 명도소송을 진행했다면 가스도, 전기도, 물도 다 끊었을 것이다.

모든 것을 다 잃었다고 생각했는데 아직도 잃을 게 더 남아 있다니. 다 빼앗겨보니 알겠다. 그동안 나는 생각보다 참 많은 것을 가지고 있었구나.

동시에 의문이 든다. 법적으로는 이 집의 명의가 이전되었어도, 아직 주민등록상으로는 내가 이 집 주인이다. 실거주자의 에너지를 마음대로 끊을 권리가 주택관리소에게 있는 것인가? 주택관리소의 한마디에 가스업체에서 이렇게 쉽게 가스를 끊을 수 있다면, 이 집에서 안 나가고 버틸 경우 내 목숨도 그들

마음대로 쉽게 끊을 수 있는 것인가?

　　오후 여섯 시쯤 관리사무소장과 통화한 후 핸드폰을 내려놓고, 다음 날 오전 여덟 시까지 잠을 잤다. 살고자 하는 의지가 한 톨도 남아 있지 않을 때, 깨어나기 싫어서 몸이 수면 시간을 늘린다는 내용을 어디선가 본 적이 있다. 과학적으로 검증된 사실인지 여부는 잘 모르겠지만, 내가 딱 그 꼴이 아닐까.

　　다음 날 아침, 나는 차가운 물로 덜덜 떨며 샤워를 하고 시급 1만 2,000원을 벌기 위해 다시 초밥집으로 향했다.

34

긴급 지원 정책이 발표되었다

전세 사기 사건이 전국으로 확산되면서 사회적 공분이 들끓자, 정부는 4월 28일에 긴급 지원 정책을 발표했다. 가장 대표적인 것이 긴급생계지원금 지급, 전세자금 대출지원, 임대주택 월세의 약 33퍼센트 지원이었다.

LH에서 월세의 33퍼센트를 최대 2년까지 지원해주는 긴급 지원주택은 천안 외각의 병천면에 위치한 아파트인 레이크펠리스였다. 전셋집에서 차로 30분 걸리는 곳인데 자전거와 대중교통만 이용하는 나는 말할 것도 없고, 리첸스 빌라에 거주하는 피해자 중 어느 누구도 사실상 입주가 불가능했다. 그렇다고 또다시 전세자금 대출을 받는다는 것은 상상조차 할 수 없는 일이었다. 저금리이든 상환 기간 연장이든, 어떤 혜택을 준다 해도 전세자금 대출을 또 받는다는 건 내 입장에서는 그냥 죽으라는 소리나 마찬가지였다. 피해자들을 위해 긴급지원 정책을 마련해준 것은 고맙지만, 이 정책이 실제 전세 사기 피해자들에게 얼마나 유익할지는 잘 모르겠다.

긴급생계지원금 지급은 솔깃했다. 살펴보니 전세 사기 피해자들에게 유일하게 실질적인 도움이 될 것 같은 정책이었다. 마지막 동아줄을 잡는 심정으로 천안시에서 3개월간 62만 원씩을 지원해주는 긴급생계지원금을 신청하기로 하고, 주민센터에 연락했다.

주민센터는 관할 구역에서 발생한 전세 사기 사건과 관련해 아무것도 모르고 있었다. 최근 공문이 내려와 이번에 전국적으로 전세 사기를 당한 피해자가 많으니, 지원 요청이 오면 적극적으로 도와주라는 메시지만 받았다며 일단 전세 계약서, 전세사기피해확인서, 매각물건명세서, 배당표를 요청했다.

나와 비슷한 또래로 예상되는 젊은 목소리의 공무원은 어떻게든 나를 도와주려 했으나, 나의 민원을 처리해주기에는 아는 게 너무 없었는지 많이 당황했다. 이 주민센터에서 긴급생계지원금을 신청하는 민원인은 아마도 내가 처음인 듯했다. 담당자가 당황하자 나도 덩달아 긴장했다. 알고 보니 긴급생계지원금을 받으려면 월 소득이 155만 원 미만이어야 했다. 나는 2022년 한 해 동안 헝가리에서 살았기 때문에 소득이 없을 것이고, 아르바이트는 지원액만 놓고 보면 월 소득 155만 원을 간신히 넘기는 수준이었다. 담당자에게 소득 산정 기준을 문의했다. 만약 지원을 받을 수만 있다면 한 달 중 하루 정도 아르바이트를 쉬어도 될 것 같았다.

하지만 담당 공무원은 소득 산정 기준을 알지 못했다. 그는 우선 긴급생계지원금을 신청하고 상부 기관이자 해당 정책의 진행 주체인 천안시청의 심사를 기다리자고 했다.

일단 주민센터에서 알려준 대로 주택도시보증공사 전세피해지원센터에서 발행하는 전세피해확인서를 받기 위해 천안시청과 충남도청에 연락했다. 두 곳 모두 친절하게 관련 서류를 확인해주었다. 천안시청에서는 리첸스 빌라의 상황을 알고 있었다. 천안시청에서 초밥집까지는 거리도 가까워서 우선 천안시청 주거복지팀 담당자의 도움을 받기로 했다.

하지만 신청 과정은 하나부터 열까지 모순투성이였다. 물론 어느 정도는 이해했다. 대기업은 말할 것도 없고 중견기업만 되어도 어떤 업무를 처음 하면 부서 간 협업이 제대로 되지 않으

니까. 하물며 대기업보다 크고 복잡한 여러 정부 부처가 대형
사고를 수습하느라 협업하는 일이니 손발이 착착 맞을 리 없을
것이다.

35

서
류
지
옥
이

이
런

것
일
까

긴급생계지원금을 받기 위해서는 주택도시보증공사(이하 허그)
에서 전세사기피해확인서를 발급받아야 했다. 그런데 알고 보
니 전세사기피해확인서는 무이자나 저금리 전세 대출을 신청
하는 용도로만 발급받을 수 있었다. 한마디로, 긴급생계지원금
을 받기 위한 용도로는 전세사기피해확인서를 발급할 수 없다
고 했다. 전세 대출을 또다시 받는다는 생각을 하는 것만으로도
두려웠지만, 이번에는 무이자라는 조건이 있었으므로 피해확인
서를 받기 위해 무이자 대출 승인을 받아두는 것도 나쁘지 않

을 것 같아 일단 신청하기로 했다.

전세사기피해확인서를 발급받기 위해서는 또다시 많은 서류를 준비해야 했다. 매각물건명세서, 배당표, 전세 계약서, 등기부등본, 전세금입금내역서, 임차인확약서, 주민등록초본, 주민등록등본, 소득사실증명원. 이 외에도 천안시청 담당 공무원이 건네준 이름 모를 서류가 가득했다.

제출할 서류 목록을 살펴보니 주민센터에서 쉽게 발급받을 수 없는 것들도 제법 있었다. 매각물건명세서와 배당표를 받으려면 법원에 요청해야 했다. 매각물건명세서는 법원에 직접 찾아가서 받았지만, 배당표는 모든 경매 절차가 끝나야 받을 수 있다고 했다. 나는 당장 긴급생계지원금을 받아야 하는 상황이라 경매 절차가 끝날 때까지 한가하게 기다릴 수 없었다. 경매 절차가 끝나기도 전에 내 피가 죄다 말라붙을 것 같았다. 다행히 허그에서 배당표는 나중에 제출해도 된다고 확인해주었다.

전세금입금내역을 확인하는 과정도 고통스러웠다. 2020년 7월에는 분명 좋은 집을 구했다는 안도감에 설레는 마음으로 전세금을 입금했다. 그런데 계좌 조회를 하는 과정에서 그때를 떠올리는 것만으로도 멘탈이 무너지는 느낌이었다. 그날은 하루 종일 정신적으로 너무 힘들었다.

은행에서 대출받은 청년버팀목전세자금 거래 내역은 해당

지점에 가서 확인받아야 했다. 그 은행은 예전 회사의 주거래 지점이기도 해서, 은행까지 가는 동안 회사에서 겪었던 온갖 힘든 기억이 영화처럼 생생하게 떠올랐다. 그때는 바퀴벌레와 녹물이 나오는 기숙사가 지옥인 줄 알았는데, 사기를 당하고 보니 진정한 생지옥은 리첸스 1004호였다. 아니, 그래도 바퀴벌레와 녹물은 치 떨리게 싫다. 두 지옥이 붙으면 어느 지옥이 이길까.

담당 행원은 3년 전에 받은 대출 내역이 무슨 일로 필요하냐며 친절하게 물었다. 나는 겉으로는 전세금을 돌려받기 위해서라고 적당히 둘러댔지만 속으로는 피눈물을 쏟고 있었다. 아마 행원은 내가 전세 사기를 당했다는 사실을 눈치 챘을 것이다.

필요한 서류를 허그에 제출하자 전세사기피해확인서가 발급되었다. 그런데 허그에서는 이것을 내가 아닌 주거복지재단으로 전달했다. 허그에서 전달한 전세사기피해확인서를 가지고 주거복지재단에서 대출 자격을 심사한다는 것이다.

이어 주거복지재단은 소득사실증명원을 요구했다. 내 소득이 없다는 사실을 증명하는 서류였다. 하지만 홈텍스에서 내 이름으로 아무리 조회해도 2022년 소득사실증명원을 확인할 수 없었다. 처음에는 내가 2022년에 한국에 없었기 때문에 소득이 잡히지 않아서 발급이 안 되는 줄 알았는데, 홈텍스에 전화를 걸어 문의하니 2022년 소득사실증명원은 2023년 6월 30일

이후에 발급된다고 했다. 이 사실을 모르는 주거복지재단과 허그가 나에게 몇 번이고 2022년 소득사실증명원을 요구했던 것이다. 조회 가능한 마지막 소득은 2021년도 소득이었는데, 나는 2021년 7월까지 일을 했음에도 당시 소득으로는 무이자 대출을 받기 어렵다는 답변이 돌아왔다.

36

긴급생계지원금과 신라면 스무개

아무리 무이자라도 이제는 대출 자체에 부정적이 되었다. 설령 대출을 받을 일이 생긴다 해도 지금 당장 받을 생각은 없었다. 일단은 긴급생계지원비를 받는 것이 더 급했기 때문에 허그에 한 번 더 전세사기피해확인서 발급을 요청했다.

그런데 허그에서는 내 앞으로 전세사기피해확인서를 발급은 해주었지만 이번에도 나에게 직접 전달하는 것이 아닌 주거복지재단 연락해서 수령하라고 했다. 이건 또 무슨 말인가? 민원인이 발급 요청한 자료를 다른 기관에 가서 받으라고 한다는 게 상식적으로 납득이 되지 않았다.

그래도 하는 수 없지. 다시 주거복지재단에 연락해서 전세사기피해확인서를 달라고 했다. 그러자 주거복지재단은 허그의 승인을 받은 후에 전달해주겠다고 했다. 그 답변을 받고 잠시 후 허그에서 연락이 왔다. 전세사기피해확인서는 긴급생계지원비가 아닌 무이자 전세 대출 지원을 위한 확인서이기 때문에 나에게 전달하기 어렵다고 했다. 전세사기피해확인서는 긴급생계지원금 신청을 위한 필수 서류라고 말하니, 그럼 천안시청에서 자신들에게 요청하면 해당 확인서를 전달할지 여부를 고려해보겠다고 했다.

절차가 까다로울 거라고 어느 정도 짐작은 했지만 알아볼수록 뭔지 모를 싸함이 느껴졌다. 천안시청에 전화를 걸어 허그와 주거복지재단에서 들은 대로 설명한 다음, 전화를 끊고 천안시청 담당 공무원과 허그 담당자 앞으로 메일을 보냈다. 메일 제목은 '전세사기피해확인서 지급 요청을 위한 요청'이었다. 천안시청 담당 공무원이 허그로 지급 요청 메일을 보내고 나서야 나는 허그로부터 전세사기피해확인서를 받을 수 있었다. 여기까지 무려 한 달이 걸렸다.

한 달 동안 시간은 시간대로 쓰고 마음고생은 고생대로 한 끝에 겨우 손에 쥔 전세사기피해확인서가 그렇게 소중할 수가 없었다. 이번에는 주민센터에 연락했다. 이제는 주민센터에서도 리첸스 빌라에서 발생한 전세 사기 사태를 알고 있으니, 한 달 동안 피해자들을 위한 지원책을 어느 정도 마련해두었을 것이라고 예상했다.

그런데 내 전화를 받은 주민센터 담당자는 한 달 전과는 다른 서류를 요구했다. 전세사기피해확인서는 무이자 전세 대출을 지원하는 용도로 쓰이는 것이기 때문에, 긴급생계지원금을 신청하려면 경찰서에 가서 고소접수장을 받아 오라고 답변했다.

한 달 동안 법원부터 천안시청, 허그, 주거복지재단까지 일일이 전화하고 메일을 보내고, 발로 뛰어 얻은 서류였다. 이번에는 도저히 참을 수 없었다. 이미 마음속에 꿈틀대고 있던 용암이 주민센터 담당자의 설명을 듣는 동안 터지고 말았다. 나도 모르게 수화기 너머의 담당자에게 화산 터지듯 화를 쏟아냈고, 아무 영문도 모르는 담당자는 극대노한 민원인의 분노와 짜증을 고스란히 들을 수밖에 없었다. 담당자는 내부에서 다시 확인한 뒤 전세사기피해확인서로 긴급생활지원금을 지원할 수 있게 처리하겠다고 답변했다.

전화를 끊고 나니 후회가 밀려왔다. 인터넷에서 자주 보던 갑질남, 프로 민원인이 된 것 같았다. 아마 내 전화를 받은 담당자도 내 또래 청년이었을 텐데. 주민센터를 방문하면 그분께 꼭 사과해야겠다고 생각했다.

며칠 뒤, 전세사기피해확인서를 들고 주민센터를 방문했다. 젊은 사람이 긴급생계지원금을 신청하는 모습이 남들 눈에는 어떻게 비칠까, 혹시 주민센터에서 아는 사람이라도 마주치진 않을까 싶어 가는 내내 걱정이 되었고 겁도 났다. 무엇보다 남들에게 초라하고 궁색해 보이기 싫어서 일부러 커피 전문점에 들러 아이스커피를 샀다. 오른손에 커피를 들고 왼손에는 서류를 끼고, 제법 여유 있는 척 고개를 빳빳하게 들고 민원실로 들어섰다. 괜한 자격지심 때문인지, 그곳에 있던 사람들이 모두 나를 쳐다보는 것 같았다.

시골 청년처럼 순한 인상을 가진 담당자는 내가 긴급생계지원금을 신청하며 그동안의 사정을 설명할 때마다 내 상황에 깊이 공감해주었다. 아마 다른 민원 때문에 방문했다면 이분의 응대에 대해 K-공무원의 영혼 없는 친절 업무 정도로 생각했을 수도 있다. 긴급생계지원금이든 기초생활수급이든 이분은 하루 종일 나 같은 민원인을 상대할 텐데, 수많은 민원인 중 한 명에 불과한 내 이야기를 찬찬히 들어주고, 공감해주고, 안타까워해주어 너무나 고마웠다. 이분 덕분에 법원, 천안시청, 허그, 주거복지재단에 문의하는 과정에서 쌓인 분노가 어느 정도는 해소되는 느낌이었다.

내가 조만간 원양상선을 탈 계획이고 교육기관은 어디이며 일정은 어떻게 되는지를 설명하는 동안, 민원실이 점점 조용해지더니 어느새 숙연함이 감돌았다. 민원실은 너무 시끄럽지만 않으면 내 목소리가 곳곳에 충분히 울려 퍼질 만한 크기였다. 달라진 공기를 확인하는 순간 나도 모르게 움찔해 말끝을 흐리는데, 다른 자리에 있던 직원이 다가오더니 서류 한 장을 내밀며 사인을 해달라고 했다. 무슨 서류인지 물어보니 긴급생계지원비 외에도 다른 지원을 받을 수 있는지 찾아보겠다고 했다.

아, 내가 지금 동정을 받고 있구나. 마음을 써주고 관심을 가져주는 건 고마웠지만 그 자리에 더 있기가 힘들었다. 사인한 서류를 제출하고 자리에서 일어나는데 담당자가 잠시 기다리라더니 안쪽 회의실로 들어갔다.

자리로 돌아오는 담당자의 손에 신라면 열 봉지가 들려 있었다. 그것을 건네받는데 옆에 있던 다른 직원이 열 봉지를 더 가져오더니 종이봉투에 담아주었다. 순식간에 신라면 스무 봉지가 생겼다. 나도 모르게 웃음이 나왔다. 내 인생이 드디어 바닥을 쳤구나. 제대로 실감했다. 주민센터를 빠져나와 땡볕이 내리쬐는 주차장에 잠시 멍하니 서 있었다. 공짜 라면이 생겨서 기분이 좋은 건지 허탈한 건지 황당한 건지, 나조차 알 수 없는 웃음이 비실비실 흘러나왔다. 집이었다면 울었을 수도 있다. 집 밖에 있다는 걸 몸이 먼저 알고 울음을 웃음으로 포장해 몸 밖으로 밀어낸 것일지도 모르겠다.

신라면은 내가 제일 좋아하는 라면이다. 단돈 몇 백 원을 아끼려고 신라면 대신 이름도 모르는 라면을 원 플러스 원으로 샀다가, 너무 맛이 없어서 울면서 먹은 게 불과 얼마 전이다. 신라면 스무 개를 보고 순간 아싸, 맛있겠다! 생각했던 몇 분 전의 내가 너무 한심해서 미칠 지경이었다. 겨우겨우 힘들게 복구한 내일을 향한 의지가 일순간 온몸에서 빠져나가는 게 느껴졌다. 당장 생활비 몇 푼이 급해서 긴급생계지원비를 신청하고, 주민센터에서 신라면을 지원받고 좋아하는 서른둘 청년. 이게 내 현실이구나.

그날 먹은 신라면은 내가 지금껏 먹은 모든 신라면 중에 제일 맛이 없었다.

그로부터 몇 주 뒤, 다행히 긴급생계지원금 심사가 통과되어 매달 62만 원씩 3개월 동안 생활비를 지원받을 수 있었다. 한 달 넘게 고생한 끝에 통과된 덕분인지, 지원금이 더없이 소중하게 느껴졌다. 생활을 유지하는 데 아주 큰 도움이 되었다는 점은 말할 필요가 없다.

37

나는, 거대한 시한폭탄

전세사기피해확인서나 긴급생계지원금을 신청해본 경험이 없다면 이 복잡한 과정을 쉽게 이해할 수 없을 것이다. 글로 정리하고 보니 몇 쪽밖에 안 되지만, 이걸 한 달 넘게 직접 겪어보면 정말이지 미치고 팔짝 뛸 노릇이다. 그나마 나는 아르바이트를 하는 1인 가구지만 다른 피해자들 중에는 회사에서 일을 하거나 집에서 종일 아이를 키우거나 자기 가게를 운영하면서 자투리 시간을 쪼개어 자신의 피해를 입증하는 경우도 많을 것이다. 이 많은 제도를 검색하고 자신에게 적합한 것을 찾아내 문의하고, 서류를 준비하고 접수하고 결과를 기다리고 거절당하고 재신청하기를 반복하는 일련의 과정은, 시간도 돈도 없는 서민에겐 너무 가혹하다.

내 경험을 글로 적은 것은 누군가에게 이 제도와 방식을 이해시키기 위해서가 아니다. 이건 글 몇 줄 읽는다고 이해할 수 있는 내용이 아니다. 공무원들을 욕하거나 정책이 미흡하다고 비난하기 위해서 쓴 것도 아니다. 그저 이 지원 제도를 직접 경험해본 사람이 어떤 불편을 느꼈는지 알리고, 이를 계기로 다른 전세 사기 피해자들이 조금이나마 쉽고 빠르게 행정적 도움을 받을 수 있기를 바랄 뿐이다.

물론 모든 지원 제도가 다 이렇지는 않을 것이다. 기초생활수급이나 실업급여처럼 오랫동안 유지되어온 복지 제도는 체계가 잘 잡혀서 좀 더 간편할 것이다. 정부에서 전세 사기 피해자들을 위해 나름의 지원 방안을 마련해준 것을 고맙게 생각한다. 다만, 피해자 대다수가 평범한 서민이고 사회 초년생이라는 걸 조금만 헤아려주면 좋겠다. 행정 절차가 아주 조금만 더 간소화되어도 많은 전세 사기 피해자들이 삶의 의지를 다질 수 있을 것이다.

솔직히, 이 복잡한 과정을 겪으면서 또다시 좌절과 고통을 느꼈다. 이제는 더 이상 지칠 기운도 없다고 생각했는데 착각이었다. 관공서 문턱 앞에서 느끼는 좌절감은 건물주와 부동산 사장에게 느끼는 분노와는 결이 달랐다.

긴급생계지원금 신청 과정에서 만난 모든 공무원은 정말 친절했다. 대신 모두가 수동적이었다. 그분들의 입장을 이해 못하는 건 아니다. 그래도 이 한 달 동안 내 성격은 조금 더 이상해졌고 나의 내면은 좀 더 병들었다. 이전보다 자아가 좀 더 분열된 것 같다는 표현이 정확할지도 모른다.

어느새 혼자 마음속으로만 생각했던 절망적인 단어나 표현, 욕설 등이 내 의지와 상관없이 마치 틱이 오듯 입 밖으로 나왔다. 처음에는 집에 혼자 있을 때만 욕이 나왔다. 그러다가 밖에서도 조금씩 욕이 나오기 시작했다. 한적하고 조용한 곳에서 낮게 터져 나오던 욕이 어느새 사람들이 많이 모여 있는 장소에서도 마구 튀어나왔다. 내 분노는 더 이상 내 의지로 조절되지 않는 수준이었다. 나 자신이 언제 어디서든 터질 수 있는 시한폭탄 같다고 생각했다. 나도 모르게 남들에게 피해를 끼칠까 봐 외출하기가 두려워졌다. 이런 걱정을 하는 내가 싫어지자 분노는 더 커져갔다. 결국 분노라는 폭탄은 엉뚱하게도 다른 사람 앞에서 폭발해버렸다.

38

나
는
대
한
민
국
의
정
글
피
시

이렇게 속수무책으로 집을 내어줄 수는 없었다. 비울 때 비우더라도 사건의 전말을 알고 싶었다. 법원, 허그, 시청, 다른 부동산 사무실까지 사방팔방으로 수소문을 했지만 그 누구도 리첸스 빌라 전세 사기 사건의 전말을 알려주지 않았다.

형사고소 사건을 담당하는 수사관님께 직접 방문해 상담을 받고 싶다고 요청했다. 하지만 수사관님은 연민에 찬 목소리로 계속 외근이 잡혀 있어서 직접 만날 수는 없다고 친절하게 답변하셨다. 내가 무엇을 질문해도 지금 수사가 진행 중이라 자세한 내용은 알려줄 수 없다고 하셨다. 10분 정도 사정해서 겨우 들은 정보 대부분은 이미 알고 있는 내용이었다. 건물주의 통장 잔고에는 달랑 1,000원만 남아 있다는 것, 반성의 기미는 전혀 없고 피해자들에게 보상하는 데는 아무 관심이 없다는 것. 이 판을 설계했을 것으로 추정되는 건물주의 남편이자 실질적인 범죄자는 다른 대출 사기로 이미 몇 년째 교도소에 수감 중이라는 것이다.

대신 건물주가 가족 명의로 집을 한 채 샀다는 사실을 새롭게 확인했다. 그런데 경찰에 따르면 분명 리첸스 빌라 세입자들에게서 빼돌린 전세금으로 샀을 것이라고 확신하지만 그 집은 건물주의 가족 명의로 되어 있기 때문에 아무 조치를 취할 수 없단다. 2금융권의 근저당을 3금융권으로 양도한 것도 의심스럽다고 했다. N 부동산 사장은 사기 방조죄로 수사 중이라고 했다. 천안을 떠나기 전 그의 얼굴이라도 한번 보고 사정도 듣고 싶었지만 해당 부동산은 이미 네이버 지도에서 삭제되어 있었다.

전화를 끊기 전 수사관님은 처음 형사고소를 접수한 피해자 분의 이름과 호수를 알려주며, 그분은 지금 민사소송 진행 중이니 더 자세한 것은 그분에게 물어보라 하셨다.

전세 사기 말고도 담당하는 강력범죄가 많을 텐데, 최선을 다해 수사해주시는 점은 정말 감사했다. 그런데 피해자들에게 아무 정보도 줄 수 없다는 사실은 충격이었다. 왜 수사 정보를 알려주지 않을까? 혹시 피해자가 피의자를 위해 기밀을 유출할지도 모른다고 우려해서? 잘 모르겠다. 판결이 나고 수사가 종결되기까지 하루 이틀 걸리는 것도 아니다. 지금도 피해자들은 하루하루를 힘겹게 버티고 있는데 사기꾼들은 빼돌린 돈을 더 은밀히 숨기며 호사스러운 일상을 보내고 있을 것이다.

대학 4학년 2학기 때, 먼저 졸업한 동기들에게 졸업시험에 대해 질문하니 학과 사무실에서 연락을 준다고 했다. 그런데 학기의 절반이 지나도록 아무 소식이 없어서 먼저 문의하니, 졸업시험은 이미 3차까지 완료되었다고 했다. 담당자는 자신이 이번 학기부터 조교로 일했고 전임자에게 그런 사항을 전달받지 못했다고 했다. 나를 포함해 졸업시험을 치르지 못한 몇몇이 항의했지만 받아들여지지 않았다. 그때 학과장님은 어른의 세계에 온 것을 환영한다며, 이제 자신의 일은 무엇이든 스스로 알아보고 해결하라고 하셨다. 앞으로 어느 누구도 우리를 대신해 문제를 해결해주거나 방법을 알려주지 않을 것이라던 말씀이, 당시에는 꼰대의 잔소리인 줄 알았다.

드라마 〈미생〉에 '회사가 전쟁터라면 밖은 지옥'이라는 명대사가 나온다. 전세 사기를 당한 상태로 퇴사까지 하고 보니 왜 사회를 지옥이라고 하는지 알겠다. 아프리카에는 회오리바람에 떠밀려 정글에 떨어진 뒤 바다로 돌아갈 방법을 알지 못해 죽어가는 정글피시가 있다. 대한민국에도 정글피시가 있다면 바로 내가 아닐까. 그저 헤엄을 쳤을 뿐인데 갑자기 정글로 떠밀린, 아무리 퍼덕거려도 바다로 돌아가지 못하고 그 자리에서 말라 죽어가는 한 마리 정글피시.

39

특별법이 만들어졌지만

4월에 임시긴급구제정책이 발표된 이후 6월 1일자로 '전세사기피해자 지원 및 주거안정에 관한 특별법'이 시행되었다. 이어 구제 정책도 발표되었다.

먼저, 전세 사기 피해자로 인정받기 위해서는 아래 네 가지 요건을 충족해야 했다.

1. 주택 인도와 주민등록(전입신고)을 마치고 확정일자를 갖춘 경우
2. 임대차보증금이 3억 원 이하의 경우
3. 다수의 임차인에게 임대차보증금반환채권의 변재를 받지 못하는 피해가 발생했거나, 발생할 것이 예상되는 경우
4. 임대인이 임차보증금반환채무를 이행하지 않을 의도가 있었다고 의심할 만한 상당한 이유가 있는 경우

전세 사기 피해자를 위한 구제 정책

1. 경·공매 절차 지원
   • 경·공매 유예 및 정지
   • 경·공매 대행 지원 서비스
   • 경·공매 우선 매수권 부여
   • 기존 임차주택을 공공임대로 제공
   • 조세채권 안분

2. 신용회복 지원
   • 피해자의 신용 불이익 방지를 위한 신용정보등록 유예
   • 신규 주택 구입 및 전세자금 대출 지원

3. 금융지원
   • 최우선변제금을 못 받는 피해자를 위한 무이자 전세 대출
   • 주택 구입·전세자금 지원
   • 긴급복지지원

4. 기타 항목
   • 생계비·의료비·주거 지원·교육 지원

이 외에도 무료 법률지원, LH·지방도시공사 긴급주거지원, 기금저리대출·대환대출(버팀목전세대출), 무이자 대출, 심리상담 지원 등이 있었다.

전세로 피를 본 입장에서 또다시 전세를 얻고 싶지는 않았기 때문에, 6월 1일자로 발표된 '전세사기피해자 지원 및 주거안정에 관한 특별법' 중 추가로 지원받고 싶은 구제 정책은 없었다. 금융지원 대부분은 전세 피해자들을 위한 기존의 전세자금 재대출 혹은 또 다른 전세를 얻기 위한 대출이었다.

긴급생계지원금 또한 4월에 신청한 나는 받을 수 있었지만, 6월에 신청한 피해자 대다수는 심사에서 탈락했다고 한다. 알고 보니 긴급생계지원금 예산이 거의 소진되는 바람에, 월급이 150만 원 이상이거나 이미 기존의 전셋집에서 이사를 한 경우에는 대상자에 포함되지 못했다고 했다.

나는 평소 대한민국 국민으로서 다양한 인프라를 무료로 누릴 수 있다는 점을 고맙게 생각하고 있었다. 깔끔한 아스팔트 도로를 걸을 때도, 자전거 도로를 달릴 때도, 도서관을 이용할 때도 마찬가지였다. 시력이 나쁘지만 시력검사표를 달달 외워서 1급을 받고 현역으로 입대한 것도, 국민으로서 내 역할을 다하겠다는 마음 때문이었다.

하지만 이번 구제 정책에 대해 아쉬운 점이 없었다면 거짓말이다. 이 정책이 2개월만 빨리 나왔어도 나와 피해자분들은 곧바로 경매 중지를 요청할 수 있었을 것이고, 리첸스 빌라는 4월에 낙찰되지 않았을 것이다. 또한 4월에 했던 것처럼 모든 관련 기관에 중구난방으로 민원을 넣는 대신 피해자구제센터를 통해 정식 절차를 밟아 1004호 매매를 위한 저금리 대출을 받을 수 있었을 것이다.

결과적으로, 좀 더 빨리 평범해질 수 있었던 내 인생은 2개월의 시간차 때문에 지금까지 흘러왔다. 그 아쉬움이 항상 나를 짓누른다. 딱 두 달만 정책 시행이 빨랐다면…… 딱 두 달만.

예방책이 아닌 이미 피해를 당한 분들을 위한 피해보상 제도도 마련되면 좋겠다. 현 정부는 국민 세금으로 피해자들을 지원하는 것을 꺼리는 듯하다. 나도 이 부분에 백번 동의한다. 이 정도의 지원을 해주는 것만으로도 개인적으로는 진심으로 고맙게 생각한다. 하지만 당장 살 곳을 잃은 신혼부부, 아직 사회생활을 시작도 못한 대학생들이 신용불량자가 되거나 개인회생을 받아야 한다면 이 또한 국가적 손해가 아닐까. 사치와 과소비를 일삼다가 파산하는 것과 사기를 당해 파산하는 것은 전혀 다른 문제니까.

40

5,800만 원짜리 쓰디쓴 교훈

새로운 집주인과 계약한 충만부동산 공인중개사가 연락을 해왔다. 첫 번째 통화에서 간단하게 자신의 신분을 밝힌 그는 지금 당장 집을 방문해도 되냐고 물었다. 그때 나는 영화를 보러 가던 중이었기 때문에 안 된다고 대답했다. 두 번째 통화에서도 지금은 안 된다고 하자 세 번째에는 문자를 보냈다.

"안녕하세요. 충만부동산입니다. 리첸스 방을 볼 수 있을지 문의드립니다."

"오늘은 힘들 것 같습니다. 내일 미리 시간 알려주시면 가능

합니다."

"네. 다음에는 미리 연락드리겠습니다."

하지만 그는 이후로도 전화를 걸어 지금 당장 방을 볼 수 있느냐고 물었다. 매번 집 밖에 있을 때 연락을 하기에 안 된다고 하자 그는 건조한 목소리로 집 비밀번호를 요구했다. 황당해서 내가 당신을 어떻게 믿고 비밀번호를 알려주냐며 쏘아붙이고 단칼에 전화를 끊었다.

호주, 일본, 헝가리에서도 월세살이를 했지만 외국에서는 입주자가 살고 있는 집을 보겠다고 당일에 연락한다는 것은 상상도 할 수 없는 일이다. 단 며칠이라도 빨리 다음 입주자를 받겠다고 기존 세입자의 사생활을 이렇게 무시해도 되는 건가?

하지만 사생활을 침해당하든 자존심이 짓밟히든, 리첸스 빌라 1004호를 비워주어야 하는 것이 나의 의무였다. 이삿날은 9월 8일로 정했다. 하루 전날 짐을 모두 싸고 건물 옥상으로 올라가, 오랫동안 참았던 술을 마셨다. 지난 3월에 원 플러스 원인데도 결국 사지 못했던 닭날개를 요리해 노트북 앞에 놓고 좋아하는 유튜브 동영상을 재생했다.

슬프게도, 닭날개는 너무 맛이 없었다. 내가 지난 6개월간 상상했던 맛이 아니었다. 11년 전 훈련소 입소를 앞두고 306 보충대 앞 중국집에서 먹었던 탕수육과 비슷한 맛이었다.

텅 빈 집 안을 물끄러미 둘러보았다. 어릴 때 읽은 본 조세희 작가님의 《난장이가 쏘아올린 작은 공》이 생각났다. 주인공들이 철거 직전의 집에서 먹은 소고기 맛도 이랬을까. 소설 속에서 그들은 어떻게 살았을까? 훔친 집문서로 무사히 아파트에 입주했을까? 2023년의 난장이들은 자신들의 자가에서 행복하게 살면 좋겠다.

어둠 속에서 향초와 무드 등을 밝히고 유튜브에서 슬픈 음악을 검색했다. 가장 상단에 있는 플레이리스트는 클릭 수가 무려 800만 회에 달했다. 다른 사람들은 어떤 저마다의 슬픈 사연을 갖고 있기에 두 시간이 넘는 이 플레이리스트를 800만 회나 재생했을까. 당분간은 울지 않겠다는 각오로, 오늘은 향후 1년간 흘릴 눈물을 모두 쏟아내고 싶었다. 그런데 눈물이 흐르지 않았다. 해탈한 건지 눈물샘이 마른 건지 모르겠다.

술에 취한 상태로 옥상에서 한 발자국을 내디뎠다면, 그래서 내가 단번에 무사히 죽었다면 지금쯤 상황이 어떻게 되었을까 상상했다. 언론에는 이틀 정도 소식이 실렸을까? 어쩌면 리첸스 빌라 입구에 시민 분향소가 설치될지도 모른다. 상식적이고 선량한 시민들이 와서 국화꽃 한 송이쯤은 놓아주겠지. 원룸 청소비보다 좀 더 많은 15만 원 정도면 특수청소업체에서 하루 만에 나의 흔적을 치워줄 것이다. 시민들이 분노하면 정부가 리첸스 빌라 경매를 중단시켜줄까. 그래도 건물주와 공인중개사에게 이 정도는 별일 아닐 것이다. 우리 가정은 파탄이 날 것이고, 나는 부모님의 가슴에 묻히겠지. 그 대가로 다른 입주자들은 충분한 보상을 받을 수도 있다.

다음 날. 이삿짐을 싣고 용인 본가로 향했다. 수백 번 넘게 다닌 길인데 이날은 참 어색했다. 천안에서 보낸 모든 시간이 아득히 멀게 느껴졌다. 최종 합격, 이사, 첫 출근, 기숙사, 회사 사람들, 무한 야근, 식당, 편의점, 초밥집, 횟집……. 살면서 두 번 다시 천안에 오지 않을 것이다.

용인으로 출발한 지 세 시간쯤 지났을 때, 충만부동산에서 다시 연락이 왔다. 집을 뺐다고 대답하자 비밀번호를 알려달라고 했다. 아직 집주인에게 받아야 할 보증금이 남아 있다고 하자 공인중개사는 "집을 봐야 보증금이 나오는데?"라며 반말을 했다. "보증금을 받아야 알려줄 수 있는데?"라고 나도 반말로 받아쳤다. 그는 기분이 상했는지 집주인에게 연락해보겠다고 말했다.

집주인은 겨우 4개월 전 낙찰을 받았고, 이 집에는 이전부터 고장 난 가구가 몇 개 있었다. 몇 대는 때려야 문이 열리는 도어락, 바깥 온도가 35도를 넘어가면 미지근한 바람이 나오는 에어컨, 압축기가 고장 난 냉장고를 확인하면 내가 돌려받을 보증금은 1원도 없을 것이고 오히려 나에게 수리비를 요구했을지도 모른다.

그날, 집주인에게 지급한 보증금 100만 원에서 월세 45만 원, 청소비 10만 원, 관리비 6만 원, 공과금 1만 원을 제외한 38만 원을 돌려받고 비밀번호를 알려주었다.

다음 주에는 아버지와 행정복지센터에 가서 주소 이전을 했다. 주민등록증 뒷면에 붙은 천안 주소 스티커를 떼어내는 것으로 충분했겠지만 5,800만 원짜리 교훈을 잊고 싶지 않았다. 나는 천안 주소 밑에 용인 본가 주소를 스티커로 다시 붙였다.

41

대
치
동
의

불
량
품

아버지는 말씀을 참 잘하신다. 다른 사람들을 설득하는 능력도 천부적이다. 학창 시절 전국웅변대회에서 수차례 우승을 했고 군대에서도 웅변을 잘해서 한 달 넘게 휴가를 나왔다고 하셨다. 명문대 정치외교학과를 졸업하고 국회의원 비서로 일하셨지만, 안타깝게도 정계에 입문하지는 못하셨다. 정치인의 꿈이 좌절되자 대기업에 취업하셨지만 야망이 있어서인지 직장인의 삶에는 만족을 못하셨다. 퇴사 후 여러 사업에 도전하셨지만 퇴직금에 집 보증금까지 전부 날렸고, 우리 집은 그렇게 힘들어졌다.

당시 산더미같이 쌓인 빚을 갚느라 어머니가 무척 힘들어하셨다. 어머니는 하루하루 사는 게 너무 힘들었지만 눈앞에 아른거리는 어린 남매를 두고 차마 나쁜 선택을 할 수 없어서 아버지의 빚을 착실히 갚으셨다. 이때 어머니는 자주 우셨다. 어릴 때는 내가 공부를 못해서 우시는 거라고, 혹은 그맘때 돌아가신 외할머니가 생각나서 우시는 거라고 생각했다.

어머니는 주말마다 자전거를 타며 장사익의 〈희망 한 단〉을 들으셨다. "아줌마 희망 한 단에 얼마래요?" 가사 속에서 장사익은 희망 한 단이 얼마인지 묻는다.

빚에 짓눌린 서른둘의 내 삶에도 아무 희망이 없다. 웃을 일이 전혀 없는 메마른 하루를 보내던 어느 날, 모처럼 길몽 비슷한 꿈을 꾸고 희망 한 단을 5,000원에 샀다. 로또 2등 당첨금이 전세금과 비슷했다. 당연히 세금을 내야겠지만 그래도 2등 정도면 내 운명을 용서해줄 만했다. 일주일 뒤, 내가 산 5,000원짜리 희망 한 단은 김칫국으로 확인되었다.

내 삶에는 절대 찾아오지 않는 '행운'이라는 것을 상상해본다. 불행은 수없이 생각해본다. 그 많은 빌라 중 왜 하필 내가 사는 빌라가 경매에 넘어갔을까. 그 많은 집 중 왜 하필 나는 그 집에 들어갔을까. 그 많은 공인중개사 중 왜 하필 N 부동산 사장을 만났을까. 그 많은 지역 중 왜 하필 천안을 선택했을까. 그 많은 채용공고 중 왜 하필 천안의 회사가 눈에 띄었을까.

헝가리에서 일할 때 전기차용 배터리 팩을 만드는 공장을 견학한 적이 있다. 그날 공장에서는 얇은 알루미늄을 500톤짜리 프레스기로 압착해서 틀을 만들고 있었다. 난이도가 높은 작업이라 불량품으로 분류되는 배터리 팩도 상당했다. 제대로 찍힌 알루미늄은 전기차 부품이 되기 위해 컨베이어에 실렸지만 불량품은 박스에 담겨 폐기장으로 향했다.

나라는 사람이 대치동 학원 공장에서 잘못 만들어진 불량품 같다는 생각이 들었다. 나는 불량품이 될 운명이었을까. 진작 버려져야 했지만, 어머니의 과한 애정 덕분에 대치동에서 끝까지 남을 수 있었던 것일까.

어떤 희망, 어떤 가능성을 사도 내 손에 들어오면 하나같이 휴지 조각으로 전락한다. 희망은 불행으로, 실망으로, 절망으로 바뀐다. 나에게 희망은 독이라는 생각이 든다. 더 이상 집과 돈을 걱정하지 않아도 되는 곳으로 가고 싶다. 그곳이 어디인지는 모른다. 남해안의 어느 섬일 수도 있고 지리산 어디쯤일 수도 있다. 아니다, 사람이 사는 곳 중 집과 돈 걱정이 없는 지역이 지구상에 과연 있을까.

42

우
리
는 왜
이
렇
게
사
기
를 잘
당
할
까

고등학교 친구를 만났다. 이 친구도 나만큼이나 힘들게 회사 생활을 한다. 직원이 100명인 지점의 재무팀에서 근무하는데, 재무팀 직원이 친구 포함 두 명이다.

나는 친구를 야근 괴물이라 부른다. 친구네 회사에서 야근을 하는 사람은 친구 포함 단 두 명이라고 한다. 당연히 야근 수당은 없다. 친구와 나의 다른 점이라면, 나는 회사를 내 성공의 발판으로 생각하고 친구는 이 회사에서 임원이 되고 싶어 한다는 점이다. 이 정도 계획은 있어야 야근과 불합리한 처우도 감수하는구나.

날씬했던 친구는 회사 생활 5년 만에 스팸이 되어버렸다. 비만은 기본이고 통풍, 지방간, 고혈압, 요로결석까지 성인병 그랜드 슬램을 달성했다. 야근 괴물은 일은 잘하지만 흔히 말하는 사내 정치에는 감이 없다. 그냥 곰이다. 친구가 좀 더 여우같으면 분명 임원 이상으로 올라갈 수 있을 것이다.

친구는 세무학과 출신으로 대기업 재무팀에서 일할 만큼 똑똑하다. 그런데 꼼꼼하고 숫자를 잘 아는 것과 인생을 잘 살아가는 건 별개인가 보다. 몇 년 전 친구는 로또 번호 추천 광고 문자에 속아 20만 원을 날렸다.

밥을 먹으면서 5년째 착실하게 직장 생활을 하는 친구에게 부럽다고 했다. 나도 천안의 회사에서 지금까지 일했으면 월급을 많이 모았겠지. 두 달만 늦게 퇴사했어도 상여금 1,000만 원을 받았을 것이고 코로나19가 없었다면 그때 퇴사하지 않았을 수도 있다. 그러면 지금쯤 조종사 훈련비를 모두 모아 훈련소에서 꿈을 향해 비상하고 있을 것이다. 친구에게 농담 삼아 내가 혹시 사기를 당해서 길바닥에 나앉게 되면 너에게 1,000만 원짜리 사기를 칠 테니 너무 원망하지 말라고 했다. 이 말을 하는 순간 친구의 얼굴이 살짝 굳었다. 순간, 친구도 사기를 당했다는 것을 직감했다.

갑자기 마음이 먹먹해져 친구에게 술을 권했다. 밥을 먹고 산책을 하면서 얼마 전 전세 사기를 당했다는 이야기를 담담하게 털어놓았다. 아무리 친한 친구라도 숨겨둔 치부를 드러내는 일은 수치스러웠다.

그런데 놀랍게도 친구는 내가 생각한 것보다 훨씬 바보였다. 나는 그동안 보이스 피싱이나 로맨스 스캠은 세상 물정 모르는 노인들이 당하는 범죄라고 생각했다. 내 이야기를 들은 친구는 주위를 둘러보더니 목소리를 낮추고, 자신이 로맨스 스캠으로 1,000만 원 가까이 날렸다는 이야기를 해주었다. 그 전에는 코인 리딩방에 초대받았다가 하루 만에 300만 원을 잃은 적도 있다고 했다. 설상가상으로 2년 전 지방의 신축 아파트를 분양받아 계약금 700만 원과 중도금 2,000만 원을 냈지만 부동산 경기가 악화되면서 공사 자체가 무기한 중단된 상태라고도 했다. 똑똑하지만 순진한 친구는 세상이 보기에 손쉬운 먹잇감이었다.

"너는 똑똑하고 좋은 대학도 나왔으면서 왜 바보같이 사기를 당하냐?"

"학교 간판이랑 사기 당하는 게 무슨 상관이야. 그나저나 너처럼 돈에 철저한 애가 왜 근저당이 있는 걸 보고도 그 집을 계약했냐? 천안에 얻을 만한 집이 거기밖에 없는 것도 아닌데."

맞는 말이다. 왜 좀 더 의심하지 않았을까. 또다시 내 시간은

2020년 7월로 역행한다. 나는 친구에게 바보라고 할 자격이 없다. 인생이 송두리째 무너질 만한 거액을 허무하게 날려버린 나는 친구보다 더 멍청한 바보다.

친구는 강남 8학군 출신의 몇몇 황새 친구는 벌써 상속세를 내고 집을 증여받았다며 자기 신세를 한탄했다. 부럽다. 너무 부럽다. 누군지도 모르지만 듣고만 있어도 부럽다. 부러워하지 않을 수 없다. 그때 얼마 전에 읽은 쇼펜하우어의 명언이 생각났다.

괴롭고 힘들 때 최고의 위안은
자기보다 더욱 고통받는 존재를 바라보는 것이다

과연 고전은 진리다. 우리는 각자의 불행을 나누었지만 결국 서로를 보며 용기를 얻었다.

멍청한 뱁새에게는 너무 슬픈 밤이었다. 우리는 신세를 한탄하며 술김에 같이 호숫가에 빠져 죽자는 말도 했지만, 사실 그럴 만한 용기도 없었다. 호숫가를 한 바퀴 돌고 헤어지기 전, 지금은 둘 다 힘들지만 그래도 기운 내자고 서로를 격려했다.

나는 나 자신을 믿지 못하지만 친구는 믿을 수 있다. 내가 아끼는 친구가 힘든 시기를 슬기롭게 극복할 것이라 믿어 의심치 않기 때문에, 친구의 친구인 나도 이 시련을 잘 이겨낼 수 있으리라고 믿는다.

43

불행은 밀물처럼 끝도 없이 밀려와

옛말 틀린 게 하나도 없다. 나쁜 일은 한꺼번에 몰려온다.

6월의 어느 토요일, 가볍게 자전거 페달을 밟으며 내 갈 길을 가고 있었다. 직선으로 달리는데 골목에서 자동차가 나오는 것이 보였다. 서로 멈출 것이라고 생각했는지 나도, 상대방도 속도를 줄이지 않다가 부딪히기 직전에 가까스로 멈추었다. 속으로 욕을 하고 출발하려는 순간, 차가 출발했다. 자동차 바퀴와 자전거 바퀴가 강하지도 약하지도 않게 부딪혔다.

하늘이 노랗다. 왜 이런 일이 나에게 일어난 것일까. 운전자가 내리더니 다짜고짜 자신이 먼저 가고 있지 않았냐며 화를 냈다. 평소 같으면 맞받아쳤을 테지만 이제는 누구와도 싸울 힘이 없었다. 나의 모든 스트레스 해독 능력은 전셋집 문제를 해결하는 데 써도 한참 부족했으니까.

경찰을 불렀고 차주는 나름대로 자신의 입장을 피력했다. 나도 직선주행, 차주의 일시정지 무시, 차도 옆 주황색 실선 안쪽인 인도에서 발생한 사고라는 점 등을 주장했다. 경찰은 사건 접수 후 차량끼리 난 사고이기 때문에 우선 합의를 하고, 해결되지 않으면 경찰서로 다시 문의하라고 했다. 경찰관이 자리를 뜨자 차주는 나를 보고 보험 사기라도 치는 거냐며 비아냥댔다. 또다시 말문이 막혔다.

집으로 돌아가는 길에, 절대로 이 일을 그냥 넘어가지 않겠다고 다짐했다. 다른 욕은 다 참아도 보험 사기냐는 말은 그냥 넘어갈 수 없었다. 반드시 정식으로 접수를 하고 차주의 책임을 칼같이 물을 생각이었다.

하지만 불타오르는 의지는 주말 동안 사그라졌다. 이런 사소한 일로 경찰서까지 가기에는 내 에너지가 너무 바닥이었다. 이 사건에 신경 쓸 시간에 단기 아르바이트를 하나 더 하거나, 전세 사기 피해자들을 위한 지원책을 더 찾아보는 게 합리적인 인간이 해야 할 선택이었다.

접촉 사고가 있은 지 얼마 뒤, 7월 월급을 받았다. 이번 달에 갚아야 할 빚을 갚고도 어느 정도 돈이 남았다. 저금을 할 수도 있었겠지만 나의 시궁창 같은 일상에 아름다운 선율을 들려줄 피아노를 갖고 싶었다. 퇴근 후 인터넷 쇼핑몰을 열심히 검색해보니 야마하 P-125 검은색 디지털피아노가 60만 원 조금 넘었다. 7개월 무이자 할부도 가능했다. 적지 않은 금액이라 중고거래를 검색하니 동일 모델이 35만 원에 올라와 있었다. 바로 연락을 하니 아직 팔리지 않았다고 해서 더 고민할 것 없이 네이버 안심거래를 통해 구매하기로 했다. 이전에 안심거래를 해본 적이 없어서 안내를 받았고, 판매자가 알려준 링크를 통해 내 주소를 입력했다.

이때의 싸한 촉이 몇 분만 빨리 찾아왔다면 얼마나 좋았을까. 빨리 주문을 마치고 카페에서 책을 읽고 싶어서 곧바로 송금 버튼을 클릭했다. 판매자의 안내에 홀린 듯 입금을 하는 순간, 무언가 이상하다는 느낌이 들었다. 아니나 다를까, 판매자는 입금이 되지 않았다고 재입금을 요구했고, 내 머릿속에는 순식간에 중고거래 사기라는 퍼즐의 밑그림이 그려졌다.

판매자가 보낸 링크로 다시 접속해보니 웹사이트 주소가 naverpay라고 되어 있었다. 네이버와 페이 사이에 있어야 할 점이 없었다. 화면은 한눈에 보기에도 어설펐다. 기사나 광고배너 등 클릭하면 자동으로 연결돼야 하는 부분이 모두 요지부동이었다.

판매자가 배송비를 부담하겠다고 쿨하게 답변할 때부터 의심했어야 했다. 자세히 보니 카카오톡 프로필 사진 속 그림에서 중국 느낌이 났다. 판매자의 말투도 번역기를 돌린 것처럼 어눌했다. 이 모든 게 왜 송금 버튼을 누른 뒤에야 보이는지, 나 자신이 혐오스러울 지경이었다.

전세 사기를 당하기 전에는 사기는커녕 사기 비슷한 것도 당해본 적이 없었다. 그런데 전세 사기 이후로 내 뇌에서 사기나 거짓말을 의심하는 능력이 완전히 삭제된 듯했다. 나는 또다시 처참하게 무너졌다. 이미 큰 사기를 당하고도 또다시 당했다는 자책감에 스스로가 한심하고 멍청해서 견딜 수가 없었다. 35만 원은 5,800만 원에 비하면 새 발의 피겠지만, 나에게는 35만 원도 절실했다. 지난달의 접촉 사고는 그냥 넘겼지만 이번에는 가만히 당하고 있을 순 없었다. 사기꾼들이 중국에서 나를 비웃을 것 같았다. 누군가가 또 다른 미끼를 물기를 기대하며 중고 거래 사이트 곳곳에 이런저런 물건을 올리고 있을 것 같았다.

건물주를 형사 고소할 때도 가본 적 없는 경찰서를 찾았다. 내 생애 첫 경찰서 방문이었다. 긴장하며 들어갔는데 경찰서는 상당히 분주해 보였다. 바쁜 경찰들은 나를 응대해줄 여유도 의지도 없어 보였다. 안내에 따라 사이버수사대 쪽으로 가니 경찰 한 분이 경위서 작성법을 친절하게 알려주면서, 이런 사건은 대부분 중국에서 원격으로 벌인다고 했다. 아마 내가 입금한 계좌는 대포 통장일 것이다. 경찰은 최대한 친절한 표정을 지으며 해결되지 않을 테니 너무 큰 기대는 하지 말라고 했다.

그저 할 말을 잃었다. 나도 안다. 이런 자잘한 사건 하나하나마다 일일이 공권력을 투입할 수는 없을 것이다. 35만 원이 푼돈은 아니지만 절대적으로 큰 금액이 아니라며 스스로를 위로했다. 경찰서에서 돌아오는 길에 호숫가를 함께 산책했던 친구에게 전화를 걸었다. 나의 멍청함과 슬픔을 토로할 사람은 이 친구밖에 없다. 친구는 야근 중에도 내 전화를 받아주었다.

피아노 중고거래 사기를 당한 주의 주말, 나는 몇 달간 힘겹게 쓴 이 책의 원고를 마무리하고 있었다. 어린 시절부터 지금까지, 내가 기억하는 인생의 어둡고 슬프고 힘든 기억들을 뒤적이며 글을 쓰는 작업은 생각보다 훨씬 힘들었다. 특히 정신적 체력 소모가 엄청났다. 노트북 앞에 앉아 있으면 글을 쓰는 시간보다 고통을 외면하기 위해 딴짓을 하는 시간이 압도적으로 많았다. 부끄럽지만, 영화나 애니메이션을 볼 때는 불법 사이트를 종종 이용했다. 그래도 게임은 공식 사이트를 통해 결제를 하고 다운로드받았다.

그날도 글을 쓴다는 핑계로 노트북 앞에 앉아 딴짓을 많이 했다. 그날의 딴짓은 게임이었다. 게임을 하는데 바탕화면에 있던 파일들이 이상해졌다. 그래도 게임은 제대로 작동되었기에 처음에는 신경 쓰지 않았다. 그런데 게임을 마치고 보니 그사이 모든 파일이 전부 이상하게 변경되어 있었다. 프로그램을 삭제했다가 다시 설치하고, 컴퓨터를 껐다 켜도 파일이 열리지 않았다. 팝업으로 뜨는 에러 문구를 검색해보니 랜섬웨어라고 했다. 랜섬웨어가 친절히 알려준 사이트를 접속해보니 0.09비트코인을 입금하면 파일에 걸린 버그를 풀어준다고 했다. 랜섬웨어는 친절하게도 바탕화면 파일 중 하나의 버그는 샘플로 풀어주겠다고 했다.

그동안 공들여 쓴 이 원고 파일의 버그를 풀려 했지만, 안타깝게도 이미지 파일만 간신히 풀 수 있었다. 인터넷에서 검색한 내용대로라면 랜섬웨어는 마이크로소프트를 비롯한 어떤 기관에서도 풀 수 없다고 했다. 수많은 랜섬웨어 중 일부는 백신이 나왔지만, 내가 걸린 랜섬웨어에는 소용이 없었다. 결국 유일한 방법은 0.09비트코인을 입금하는 것인데 당시 그 정도 코인의 가치는 한화로 무려 340만 원에 달했다. 당연히 나에게는 340만 원이 없었다. 340만 원을 입금한다고 진짜 백신을 줄지도 미지수였다. 나는 또 무너지는 수밖에 없었다. 윈도우를 백업해두고 밖에 나가서 술을 사왔다.

이날은 호숫가를 함께 산책했던 친구도 야근 중이어서 내 전화를 받지 않았다. 나는 철저하게 혼자였고 처절하게 외로웠다. 나를 위로해주는 건 술밖에 없었다. 매운 새우깡, 부순 신라면, 끓인 신라면을 안주 삼아 소주 한 병, 맥주 여섯 병을 마셨다.

2주 전 클라우드에 저장해둔 글이 있었다는 게 불행 중 다행이었다. 물론 최근 2주 동안 쓴 글은 사라졌다. 2주 동안 아파하며 쓴 글을 다시 쓰기 위해 또다시 2주를 보냈고, 나의 한 달이 사라졌다. 만약 클라우드에 저장해둔 글이 없었다면 나는 이 글을 완성하지 못했을 것이다.

2020년 여름, 불과 두 달 만에 세 번의 교통사고를 경험했다. 세 번 모두 뒷차가 내 차를 박았기 때문에 100퍼센트 상대방의 과실이었다. 두 명은 이제 막 운전을 시작한 학생이었고 한 명은 연로하신 할아버지였다.

그렇지만 나에게도 문제는 있었다. 당시 나는 전셋집을 구하느라 매일 정신이 없었고, 집 문제에 회사 스트레스까지 더해져 짜증과 분노가 많은 상태였다. 나도 모르게 도로에서 급브레이크를 밟거나 과속하는 식으로 감정을 표출하지 않았을까. 왜 나쁜 일은 한꺼번에 생기는지 이제는 어느 정도 이해할 수 있을 것 같다.

44

스스로를 고립시키는 사람들을
나는 이해할 수 있다

아무 연고가 없는 천안에서 친구를 사귀기에 나는 너무 내성적이고 어두웠다. 일련의 시간을 보내는 동안 가뜩이나 내성적인 성격에 부정적 기운까지 더해지자, 내가 봐도 내 눈빛은 멸망한 세상에서 살고 있는 듯한 사람의 그것을 닮아 있었다. 당연히 나에게 먼저 호의를 보이는 사람도 없었다. 거울 속 나는 누가 봐도 굳이 친해지고 싶지는 않은 모습을 하고 있었다.

천안에 있기 싫어서 주말만 되면 용인 부모님 집으로 갔다. 지금껏 살면서 부모님의 사랑이 부족하다고 느낀 적이 없다. 심적으로 부모님께 많이 의지하는 것도 사실이다. 하지만 이와 별개로 부모님은 나를 볼 때마다 한숨을 쉬셨고 전세 문제가 어떻게 되어가고 있는지 집요하게 물으셨다. 집 문제만으로도 힘들어하는 나에게 빨리 안정적인 회사에 취직하고 결혼해서 아이를 가져라, 술을 끊어라, 라면을 줄이고 야채를 많이 먹어라, 다이어트를 해라 같은 잔소리를 쏟아내셨다. 남들 보기엔 초라할지 몰라도 내 나름대로는 최선을 다해 나의 일상을 힘겹게 꾸려가고 있는데, 그 노력이 죄다 무시당하는 기분이었다.

부모님 품이 그리워 주말마다 가면서도 막상 부모님과 있으면 숨이 막혔다. 그래서 깨달았다. 한번 박살 난 멘탈은 어지간한 노력으로는 쉽게 회복되지 않는다는 사실을. 일어나 씻고 밥을 먹고 산책하고 귀가하는 가장 기본적인 생활만 하는데도, 아주 작은 돌멩이가 발 앞에 놓여 있으면 벼랑 끝으로 내몰리는 듯한 좌절감이 밀려왔다. 다 쓴 치약을 뒷부분부터 돌돌 말아 힘껏 짜다가도 서러움이 북받쳤다. 찔끔 나오던 치약이 손아귀의 힘을 살짝 푸는 순간 쑥 들어가버리면 내 발밑도 푹 꺼지는 것 같다. 이깟 치약 하나도 내 맘대로 안 나오다니. 새 치약을 뜯어도 되는데 그날 하루는 모든 의욕이 사라져 널브러진다. 그렇게 두 달간 용인에 다녀올 때마다 더 많은 상처를 받는다는 것을 알고 나서는 주말에도 천안에 머물렀다.

천안에서 지낸다고 달라지는 건 없었다. 주 6일 매일 열두 시간 아르바이트를 하면 하루 쉬는 날은 손가락 하나도 까딱하기 싫었다. 토요일 저녁부터 집 밖으로 한 걸음도 나가지 않고 울면서 술을 마셨다. 혹시 복도에서 누가 들을까 봐 소리 내어 울 수도 없었다. 가끔은 편의점에 갈 용기도 나지 않아 배달음식을 시켜 먹었다.

내가 연락하기 전에 먼저 나를 찾는 사람은 없었다. 설령 연락을 받아도 집으로는 초대하지 않았다. 어느 날은 잔뜩 만취해서 나도 모르게 오래전 헤어진 여자 친구에게 카카오톡 선물하기로 선물을 보냈다가 한 번만 더 연락하면 번호를 바꾸겠다는 답장을 받았다. 지금껏 나는 혼자 있는 시간을 좋아하는 줄 알았는데 착각이었다. 사람들과 어울리다 보면 기가 빨려서 이제 그만 집에 가고 싶다는 생각이 들었던 것이지, 나는 고독을 즐기는 사람이 아니었다. 스스로를 고립시킨 채 오랜 시간 혼자 생활하는 건 서글프다 못해 처절했다.

이런 상태로 5개월을 보냈다. 초밥집 주방에서라도 동료들과 소통해야 하는데 말을 안 하다 보니 대화 능력이 떨어졌다. 가끔은 내 생각을 말하는 게 어려웠다. 한국어로 말하는데도 내가 한 말을 상대방이 이해하지 못해 옆에서 다른 사람이 해석해주는 경우도 있었다.

전세지옥

나를 제외한 세상 모든 사람이 부러웠다. 특히 식당 창문에 비친, 여럿이 함께 식사하며 행복한 시간을 보내는 이들이 가장 부러웠다. 어쩌면 성냥팔이 소녀가 부러워했던 것은 부잣집의 풍성한 식탁이 아니라 가족이 함께하는 화목하고 따뜻한 시간이 아니었을까. 인터넷으로 내 상태를 검색해보니 애정결핍 같았다.

타인과 함께하는 게 싫어서 스스로를 고립시켰지만, 사실 누군가의 연락과 손길을 그리워하는 사람. 세상은 이들을 은둔형 외톨이라 부른다. 요즘 집 밖으로 나오지 않는 2030 은둔형 외톨이가 굉장히 많다고 한다. 어떻게 몇 년씩 집 밖으로 한 발자국도 안 나가고 살 수 있는지, 아무리 우울해도 어떻게 온 집 안을 쓰레기장으로 만들 수 있는지 이해가 안 된다는 사람들이 많다. 나는 이들을 이해한다.

45

사
기
를 당했다고

꿈
마
저 포
기
할 수는 없
다

내 꿈은 예나 지금이나 조종사가 되는 것이다. 20대 초반에 세
운 계획대로라면 2022년 말에 훈련을 시작했어야 한다. 코로나
19라는 변수가 있었다 해도 전세 사기를 당하지 않았다면 지금
보다는 꿈과 가까워졌을지 모른다.

　조종사가 꿈인 분들은 알겠지만 이 직업에는 이른바 유효기
한이 있다. 법적으로는 나이 제한이 없지만 나이가 많으면 항공
사에서 기피한다. 나의 목표인 울진비행훈련원에서는 서른넷을
훈련 가능한 나이의 마지노선으로 정해두었다. 기본 훈련비를

모으려면 3년이 필요하다. 악착같이 모은다 해도 적어도 2년 반은 걸린다. 그럼 나는 서른다섯이 되어 있을 것이고 운이 좋아 조종사 훈련을 받는다 해도 큰돈을 들여 자격증만 따고 정작 취업은 못하는 비행 낭인이 될 가능성이 크다.

달력을 보고 있으면 마음이 조급해진다. 하루 빨리 통장을 채워야 한다. 내 꿈을 위한 비용을 차곡차곡 모아야 한다. 돈도 없지만 시간은 더 부족한 나로서는 가장 가성비 좋은 선택을 해야 한다. 그래서 원양상선에서 일하기로 결심했다. 늦어도 2023년 가을에는 승선하기로 결정했다.

내가 참치회를 좋아하니 처음에는 참치잡이 원양어선에 승선하고 싶었다. 하지만 원양어선에 승선하려면 관련 고등학교나 대학교를 졸업하고 자격증이 있어야 했다. 항해사나 기관사 자격을 갖추었다면 한국인을 고용하지만, 갑판원처럼 자격이 없어도 일할 수 있는 단순 직군은 인건비가 낮은 외국인만 채용했다. 생활환경 또한 아주 열악하다고 했다.

생활환경이 열악한 것은 상관없었지만 한국인은 채용을 안한다는 게 안타까웠다. 그래도 꿈을 향해 마지막으로 기댈 수있는 최후의 동아줄을 잡고자 열심히 정보를 찾아보던 중, 한국선원복지고용센터에서 진행 중인 '신규 국적부원 양성사업'이 눈에 띄었다. 국가에서 지원하는 프로그램인데 필수 교육과 선종 및 직렬별 특화 교육을 열흘 정도 받고 최종 수료하면 승선 자격이 주어졌다. 원양어선이 아닌 상선*에는 항해사나 기관사가 아니어도 취업을 할 수 있었다. 교육비를 전액 지원해주고 취업 후 승선 대기시간에는 소정의 승선 지원비까지 나온다고 했다. 배를 타면 6개월과 1년이 되었을 시점에 각 100만 원의 추가 지원금도 받을 수 있었다. 이거다. 이게 내 마지막 동아줄이구나.

국적부원 양성교육을 받으면 크게 세 가지 업무를 할 수 있었다. 갑판부원, 기관부원 그리고 조리부원. 이왕 배를 타기로 결심했으니 갑판부원이나 기관부원처럼 완전히 새로운 포지션을 지원해볼까 싶었다. 하지만 아르바이트를 하면서 배워둔 기술을 조금이라도 사용하는 것이 좋을 듯해서 조리부원으로 승선하기로 결심했다. 조리부원의 경우, 운이 좋으면 참치잡이 원양어선에도 승선할 기회가 주어진다고 한다.

이 계획을 친한 동생에게 말했더니 격하게 말렸다. 해양수산 분야에서 일하는 공무원 친구에게 물어보니 부원들 중에는 전과자가 많다고 했단다. 상관없었다. 나는 이미 부모님 가슴에

---

*   LNG, 컨테이너, 광물 등을 운반하는 배

대못을 박은 죄인이자 바보 같은 선택으로 내 인생을 나락으로 떨어지게 만든 전과자나 다름없으니, 배를 탈 자격은 충분하다고 말해주었다.

나의 단호한 태도에 동생은 걱정하면서도 만화 〈원피스〉에 등장하는 '상디'가 떠오른다며 멋있다고 격려해주었다. 밀짚모자 해적단의 요리사인 상디는 요리사들의 낙원인 오올 블루를 찾아가는 모험을 벌이는데, 전투 중에도 상대편 적군이 굶주리면 밥을 해준다.

돈이 없어 굶주린 경험이 있는 나도 상디처럼 배에서 굶는 이가 없도록 할 것이다. 한밤중에 배가 고파 방문을 두드리는 선원이 있으면 두말 않고 일어나 따뜻한 밥을 지어줄 것이다. 심지어 소말리아 해적이 올라타도 그렇게 할 것이다. 모두가 힘든 일을 하겠지만 배에서 내릴 때는 통통하게 살이 올라 있었으면 좋겠다.

분명 배 위에서도 끝없는 수평선을 보면 내가 당한 사기 피해에 대해 생각하고 또 생각하겠지. 너무 힘들 때면 믿지도 않는 전생까지 원망하며 어쩌다 내가 배를 타는 신세가 되었나 한탄할지도 모른다. 그래도 내가 배를 타는 이유를 잊지 않을 것이다. 내 꿈을 놓치지 않을 것이다.

그러기 위해서는 무엇보다 체력을 끌어올려야 한다. 승선 전까지 열심히 체력을 단련하고 대회에도 참가하려 한다. 8월에 여주에서 있었던 전국 철인 3종 그레이트맨 하프 대회 참가에 이어 10월에 삼성동에서 열리는 국제평화마라톤대회에 도전할 것이다. 대회를 준비하며 다진 건강한 몸과 마음으로 승선해 반드시 조종사의 꿈을 실현할 것이다.

분명 이유 없이, 혹은 어떤 이유로 나를 집요하게 괴롭히는 사람을 만날 수도 있다. 건물주나 N 부동산 사장처럼 다른 사람들을 속이거나 배 안에서도 사기를 치는 사람들이 있을 수 있다. 그래도 좋은 사람들과 잘 지내면 그만이다. 긍정적인 마음을, 미래를, 희망을, 인류애를 잃지 않으려 노력할 것이다.

수많은 단점과 예측 불가능한 변수에도 내가 승선해서 얻을 수 있는 확실한 한 가지는 돈이다. 돈을 벌기 위해 지금의 나로서는 짐작조차 할 수 없는 어떠한 고통과 힘듦도 기꺼이 감당할 것이다. 보수 자체가 엄청 높은 편은 아니지만 적어도 배에서는 회사를 다닐 때처럼 사회생활에 필요한 지출을 하지 않아도 된다. 의식주가 모두 지원되고 비과세 급여 범위 또한 현재의 월 300만 원에서 2024년 1월 1일부터는 월 500만 원으로 오른다고 한다. 또한 해수부에서 발표한 선원 일자리 혁신 방안에 따르면 승선 기간이 짧아지고 스타링크가 설치되어 인터넷 품질이 향상되는 등 선원 복지 또한 향상될 것이라고 한다.

솔직히 두렵다. 군대처럼 정보를 쉽게 얻을 수 있는 것도 아니고 육지가 아닌 배에서 생활한다는 게 어떤 것일지도 구체적으로 알기 어렵다. 내 맘대로 도망칠 수도, 내릴 수도 없는 공간에서 무슨 일이 펼쳐질지도 그려지지 않는다. 이번 겨울은 내가 지금껏 보낸 그 어떤 겨울보다 춥고 혹독할 것이다. 그래도 나는 꼭 이 일을 해야겠다.

46

어른이 되어 다시 읽는 《노인과 바다》

어릴 때부터 빨리 어른이 되고 싶었다. 내가 상상했던 어른 최
지수는 어떤 힘든 일이 몰아쳐도 느긋한 미소를 지으며 해결할
수 있는, 능력 있고 여유로운 사람이었다.

배를 타기로 결심하고, 가장 먼저 뽀얗게 먼지 쌓인 채 책장
에 꽂혀 있던 《노인과 바다》를 꺼내 읽었다. 서른이 넘어 다시
읽으니, 왜 어린 시절 이 책을 읽으면서 빨리 어른이 되고 싶어
했는지 알 수 있었다. 거센 파도가 몰아쳐도, 물고기가 안 잡혀
도 온화한 미소로 평정심을 유지하는 노인은 어린 내가 상상할

수 있는 가장 이상적인 어른의 모습 그 자체였다.

노인은 젊은 시절, 자신보다 신체 조건이 좋은 사람과 무려 24시간 동안 팔씨름을 해서 이긴 경험이 있다. 오직 끈기 하나로 하루를 버틴 대가였다. 이 끈기는 노인이 수십 년간 바다에서 인내하는 밑거름이 되고, 결국 4박 5일의 사투 끝에 배보다 큰 청새치를 잡는 불가능한 일을 해낸다.

책에서 노인은 한 번도 희망과 자신감을 잃어본 적이 없다고 말한다. 상식적으로는 불가능한 일이지만, 이 세상에는 불가능한 일을 해내는 사람들이 많다. 아직 30대 초반인 나는 희망과 자신감보다는 자책, 자기혐오, 좌절과 더 가깝게 지낸다. 곧 시작될 승선을 통해 어린 시절 상상했던 멋진 중년의 모습에 좀 더 가까워지길 바랄 뿐이다.

이제는 내가 30대 초반이라는 비교적 젊은 나이에 전세 사기를 당한 것을 다행이라고 생각한다. 20대에 이런 일을 겪었다면 절대 극복하지 못하고 세상으로부터 벗어날 생각만 했을 것이다. 50~60대에 같은 일을 당했다면 지금보다 훨씬 많은 피해를 입었을 것이다. 나뿐 아니라 내 가족의 인생까지 나락으로 갔을 수 있다.

물론 전세 사기 피해를 당한 분들 중에는 20대, 40~50대, 60대 이상인 분들도 있을 것이다. 그분들은 나보다 훨씬 잘 대처하셨을 것이고, 나처럼 전세 사기를 당한 지 얼마 지나지 않아 또다시 중고거래 사기를 당하지도 않으셨을 것이다. 내 잘못이 아닌 가벼운 접촉사고 때문에 보험 사기꾼이냐는 비아냥도 당연히 듣지 않으셨을 것이다. 분명 나보다 빨리 일상으로 돌아가셨을 것이라 믿는다.

바다와 하늘은 맞닿아 있다. 바다에서 다시 시작하자. 시작해보기도 전에 미리 포기하지 말자.

47

불에 타 죽든 바다에 빠져 죽든

원양어선이나 원양상선을 타려면 해양수산연수원에서 진행하는 필수 교육을 이수해야 한다. 가장 기본적인 교육은 4박 5일 동안 실시하는 기초안전교육이다. 홈페이지에서 확인하니 놀랍게도 100여 자리가 모두 마감되어 있었다. 우리나라에 자발적으로 배를 타려는 사람이 이렇게나 많구나. 내가 조종사가 되고 싶은 것처럼 이 사람들은 바다를 좋아해서 배를 타고 싶은 걸까, 아니면 나처럼 무슨 사정이 있을까. 강의 추가 개설을 신청하고 수시로 들여다본 끝에 목포분원에서 진행되는 기초안전

교육을 신청할 수 있었다.

정원이 열일곱 명인 반에는 다양한 수강생이 있었다. 기초 교육이기 때문에 나처럼 처음 배를 타려는 사람들이 대부분이 었지만 이미 승선 중인 사람도 있었다. 그중 두 명은 나보다 어렸다. 크루즈선 승무원이 되고 싶은 2001년생 여학생과 아버지를 따라 갑판원이 되고자 하는 여수 청년이었다. 다른 사람들은 나보다 연장자였다. 환갑을 넘은 분은 물론 곧 칠순이 되는 어르신도 있었다. 그분은 배에서 제대로 서 있기도 힘들 것 같은데 왜 굳이 승선하려고 하실까? 모두가 돈을 벌려고 교육을 받는 건 아니었다. 요트 타기가 취미이며 극지방 쇄빙 탐사선에 승선할 예정이라는 의사, 1990년대부터 배를 탔다는 중장년층도 있었다.

솔직히 처음에는 이 교육을 예비군 훈련 정도로 생각했다. 4박 5일짜리 교육이니 뭔가 엄청나게 중요한 지식을 배울 것 같지도 않았다. 선생님들의 아버지뻘 되는 수강생들도 있어서 수업을 진행하시기 제법 힘들겠다는 생각도 했다.

그런데 막상 수업이 시작되니 예비군 훈련이 아닌 보이스카웃 훈련장에 온 것 같았다. 모두들 눈을 반짝이며 수업을 들었고 질문도 열심히 하며 열정적으로 수업에 참여했다. 가끔 격렬한 토론이 벌어지기도 했다. 선생님들도 정말 열심히 가르쳐주셨고 나도 종종 발표를 했다.

하루는 선생님께서 기계실이나 조타실에 비싼 이산화탄소 소화기가 있는 이유가 뭔지 아느냐고 질문하셨다. 나는 별 생각 없이 '불이 나서 소화기를 발사해도 기계가 고장 나지 않기 위해서'라고 대답했다. 선생님이 크게 웃으며 나를 칭찬해주시자 갑자기 기분이 좋아졌다. 칭찬이라는 걸 무려 1년 만에 받아서인지 조금 어색하기도 했다. 2023년 최고의 순간이라면, 아마 그때가 아니었을까 싶다.

연수원 옆에 있는 선원복지회관 숙소는 3인실과 1인실 중 선택할 수 있었다. 나는 당연히 저렴한 3인실에 묵었다. 2년 밖에 되지 않은 새 건물은 상당히 깔끔했다. 무엇보다 훌륭한 것은 창밖으로 펼쳐진 목포대교와 바다였다. 교육이 끝나고 숙소로 돌아오면 저녁에는 멋진 야경을 감상하며 마치 호캉스라도 온 것처럼 쉴 수 있었다.

나와 같은 방을 배정받은 두 명은 이미 뱃일을 하고 있었다. 한 명은 대뜸 내 나이를 물어보더니 본인이 한 살 형이라면서 같이 술이라도 한잔하자고 10분 간격으로 권유했다. 생각 없다고 말하고 싶었지만 승선에 대해 아무것도 모르는 입장이라 경험자의 조언이 필요했다.

그와 함께한 술자리는 대화도 질의응답도 아닌 일방적인 훈수였다. 그는 뱃일이 힘들다는 말을 100번 정도 했다. 조리원은 쉬는 날이 없으며 조리장을 잘 만나야 한다고도 했다. 또한 배에서는 이등병 때처럼 선배들의 말에 토 달지 말고 무엇이든 시키는 대로 하라고 했다. 선박 회사 정보나 배에서의 생활 등 알아두면 도움이 되는 상식도 많이 얻었지만 그에게 배운 가장 중요한 정보는 분명 배에는 이상한 사람이 많을 테니 사람을 가려서 사귀고 절대 만만히 보이지 말라는 것이었다. 절대 쉽게 술 친구가 되어주지 말라고도 강조했다.

마지막 날에는 소화기로 화재를 진압하는 훈련을 받았다. 전날 마신 술 때문에 정신이 없다 보니 훈련이고 나발이고 만사가 귀찮았다. 선생님의 강의를 BGM 삼아 지난 시간을 후회하며 앞으로의 미래를 상상하는데, 선생님이 화재 진압 훈련을 귀찮아하는 우리에게 이론으로만 배워도 충분한 내용을 굳이 훈련시키는 이유를 설명해주셨다. 육지라면 도망을 가거나 119만 불러도 최소한의 조치는 한 셈이지만, 배 위에서는 도망 갈 곳도 없고 119도 부를 수 없기 때문에 무조건 직접 진압할 수 있어야 한다고 하셨다. 초기 진압에 실패해 불이 배 전체로 번지면 배 안에서 타 죽거나 바다에 뛰어들거나 둘 중 하나라고 쐐기를 박으셨다.

선생님의 설명을 듣는 순간, 지금 내 처지가 다시 보였다. 내 인생은 이미 화염 속에서 불타고 있다. 부모님께 손을 벌릴 수도 없고, 언제까지나 손 놓고 앉아서 정부가 지원 정책을 마련해주길 기다릴 수도 없다. 배에 불이 나는 상황도 마찬가지겠지. 나는 언제든 어디서든 내 인생의 소방관이 되어야 한다. 아무리 뜨거운 화염이 나를 덮쳐도 더 이상 물러설 수 없다. 불에 타 죽으나 바다에 빠져 죽으나 결과는 매한가지. 그렇다면 맞서는 수밖에.

48

저, 원양상선을 타겠습니다

얼마 전 은퇴하신 아버지는 나이 칠순에 다시 경비 일을 시작하셨다. 하루 열두 시간씩 주 5일을 일하시면서 그야말로 고난의 시간을 보내고 계시는데, 본인은 아니라 하시지만 아무래도 나 때문에 다시 일을 시작하신 것 같다. 교장 선생님인 어머니는 40년 넘게 교직 생활을 하고 계신다.

두 분께 원양상선을 타겠다는 계획을 말씀드려야 했다. 분명 놀라실 테니 타이밍을 잘 맞추는 게 중요했다.

용인 본가를 방문해 어머니가 좋아하시는 파스타를 만들었다. 통통한 생새우는 편하게 먹을 수 있도록 껍질을 까서 손질했고 머리로는 육수를 우렸다. 잘게 썬 양파를 올리브오일에 캐러멜라이징하고 버터는 향만 나도록 살짝 넣었다. 소스는 시판용이었지만 방울토마토와 이탈리아에서 산 치즈 가루를 넣어 평소보다 맛에 더 신경을 썼다. 찬장에 보관해둔 가장 예쁜 그릇에 파스타를 담고 레드 와인도 곁들였다. 잔을 채우고 건배한 다음, 나는 조심스럽게 말을 꺼냈다.

"원양상선을 타려고 합니다."

최대한 담담하게 말하려 했다. 지금껏 해외에 나갈 때 부모님께 한 번도 미리 일정이나 계획을 말씀드린 적이 없었다. 해외취업에 성공해 헝가리로 출국할 때도 부모님과 상의 한번 제대로 한 적 없이 매번 선 실행, 후 통보만 했다. 이번에도 승선 훈련까지 수료한 상태에서 말씀드리는 것이니 내 입장에서는 예전과 다를 바 없었다. 하지만 이제는 외국이 아닌 바다로 나가야 했다. 연로하신 부모님 입장에서는 자식이 출국하는 것보다 배를 타는 것이 더 충격적이지 않을까.

아버지는 할 말을 잃으셨고 어머니는 울음을 터뜨리셨다. 전세 사기로 이미 평생 끼칠 걱정을 모두 끼쳐드렸는데, 또다시 그만큼의 걱정을 더 만들어드린 셈이 되었다.

얼른 원양상선에 대해 설명했다. 흔히 생각하는 참치잡이 원양어선과는 완전히 다르다, 대기업에 취직하면 어느 정도의 복지와 근무조건도 보장받을 수 있다, 어차피 조종사 훈련비를 모을 때까지만 일할 예정이라 오래 탈 생각도 없다 등등 외워둔 멘트를 후다닥 꺼냈다. 어떻게든 안심시켜드리려고 했지만 말을 하면 할수록 어머니의 울음 소리는 더 커졌다. 어머니를 울렸다는 죄책감에 나도 더 이상 눈물을 참을 수 없었다.

절반도 먹지 못한 파스타를 치우고 동네 공원으로 나가서 맥주를 마셨다. 눈물을 잔뜩 쏟은 뒤라 몸에서 수분을 반긴 건지 인생이 하도 써서 맥주의 쓴맛 정도는 혀가 못 느끼는 건지 모르겠지만, 이날 마신 맥주는 세상 달았다.

한숨을 깊게 내쉬었다. 내 복잡한 심경과 걱정을 덜어내기에는 뭔가 부족했다. 편의점에 들어가 한 번도 피운 적 없는 담배를 샀다. 공원 구석에 앉아 담배를 피우려니 불이 필요했다. 한숨을 쉬고 다시 편의점에 들어가 라이터를 샀다. 불을 붙이고 한숨을 들이쉬듯 담배연기를 들이마셨다가, 곧바로 캑캑거리며 죄다 뱉어버렸다. 이번에는 조금만 연기를 들이마셨다. 정신이 몽롱해지면서 꽉 막혔던 가슴이 뻥 뚫리는 기분이 들었다. 살면서 한 번도 본 적 없는 한숨이 하얀 담배연기가 되어 사방으로 흩어진다. 내 걱정과 고민도 연기에 실려 날아간 것 같다.

집으로 돌아가니 이번에는 부모님께서 나를 설득하신다. 용인 집을 담보로 대출을 받아 조종사 훈련비를 지원해줄 테니, 천천히 갚으면 안 되겠냐고 차분한 목소리로 말씀하신다. 하지만 흔들리는 눈빛은 가려지지 않는다.

그럴 수는 없다. 이 집은 두 분이 평생 일해서 마련하신 전 재산이다. 비록 전셋집이지만 나는 집을 잃어보았다. 그래도 최소한 나에게는 젊음과 건강이 있다. 아주 만약에라도 부모님이 용인 집을 잃게 된다면, 두 분의 모든 것이 사라지는 셈이다. 하늘이 두 쪽 나도 그건 용납할 수 없다.

조종사 훈련은 최소 2년짜리 계획이고, 면장을 딴다 해도 취업이 쉽지 않다. 코로나19 후유증으로 취업을 못한 비행 낭인들이 지금도 수천 명에 달한다. 성공을 보장받을 수 없는 길을 걷는데 부모님의 집을 담보로 대출을 받는다는 것은 두 분의 목숨을 담보로 대출을 받는 것이나 다름없다. 아무리 빌고 사정하고 호소하고 협박해서도 당연히 그 제안을 받아들일 수는 없다. 그렇게 나는 또 한 번 큰 불효를 저질렀다.

부모가 되어보지 않은 나로서는 두 분의 희생과 헌신을 도저히 이해할 수 없다. 내가 선택할 수 있는 길은 하나뿐이다. 승선을 하고 돈을 모아, 내 힘으로 훈련비를 마련하는 것이다.

49

선
박
조
리
사

교
육
장
에
서

선박 승선을 위한 마지막 교육은 선박조리사 수업이었다. 부산 서면에 있는 한 실습장에서 수업을 받는데, 실습장이 통유리 건물의 10층에 있어서 주변에 있는 고층 빌딩이 한눈에 보였다.

선박조리사 교육은 총 스무 명이 받았다. 그중 다섯 명은 나와 비슷하거나 나보다 어린 분들이었다. 교육을 맡은 팀장님은 우리 다섯 명과 일일이 눈을 맞추며, 장기 승선할 뜻이 있다면 조리원보다는 오션폴리텍이라는 1년짜리 교육을 수강하고 항해사나 기관사가 되어 대양을 누리면 좋겠다고 하셨다. 조종사가 될 수 없다면 대양을 누비는 마도로스가 되는 건 어떨까 하는 상상을 잠시 해보았다.

첫 수업은 2인 1조로 받았다. 나는 부산 출신의 키가 크고 얼굴이 하얀 20대 후반의 동생과 한 조가 되었다.

"왜 승선하려고 해요?"

함께 만든 음식을 먹으며 동생에게 이유를 물으니 그는 조리학과 졸업 후 지금은 치킨집에서 일하는데, 아는 선배가 선박조리사를 소개해주었다고 했다. 이미 내정된 회사도 있단다. 어차피 요리를 하는 것은 마찬가지이니 배에서 돈을 많이 받으면서 일하고 싶다고도 했다. 이번에는 동생이 나에 대해 물었고, 나는 전세 사기 이야기는 쏙 뺀 채 조종사가 되고 싶어서 훈련비를 모으려고 한다고 둘러댔다.

"흠…… 뭔가 더 있는 것 같긴 한데, 굳이 말하기 싫으시면 더 묻진 않을게요."

첫날 수업이 끝난 후 교육생들끼리 자기소개를 하는 시간을 가졌다. 나는 이번에도 나이와 이름, 고향만 언급하고 자리에 앉았다. 그런데 나이 지긋한 한 분이 길게 자신의 사연을 소개했다. 30년간 예식장에서 요리사로 일했는데 코로나19가 터지자 예식장에서 현금 조달을 위해 뷔페 운영권을 매물로 내놓아

저렴하게 인수했단다. 그런데 예전 메르스 사태 때처럼 몇 달 유행하고 금방 종식될 것이라던 예상을 비껴가면서 1년도 되지 않아 망했다고 했다.

그분의 소개가 끝나자 또 다른 분이 자신은 치킨집을 하다 망해서 1억 6,000만 원을 날렸다고 했다. 오븐조리 치킨집을 운영하고 싶어 처음에는 메이저 프랜차이즈에 문의를 했지만 간발의 차이로 B급 프랜차이즈와 계약을 했는데, 비슷한 시기에 오픈한 두 치킨집 중 메이저 프랜차이즈는 승승장구했고 자신의 매장은 6개월 만에 문을 닫았다고 했다. 두 분은 연배도 삶의 궤적도 비슷해서인지, 처음 만났는데도 급속도로 친해지더니 수업 후 함께 술을 마시러 갔다.

나는 부산에 사는 친구와 광안리의 어느 횟집에서 술을 마셨다. 후쿠시마 오염수 방류 소식 때문인지 광안대교가 한눈에 보이는 명당에 앉았는데도 주변이 한산했다. 새파란 하늘 위로 주황빛 해가 저물어가면서 멋진 노을을 그라데이션으로 남기고 있었다.

육아와 학업을 병행하는 친구와 누구의 인생 난이도가 더 높은지 털어놓으며 서로의 고생담을 자랑하듯 이야기했다. 친구의 아버지는 사업 실패로 80억 원의 빚을 지고 파산한 뒤 지금은 친구 명의로 사업을 하고 계셨다. 속사정은 모르겠지만 나로

서는 가늠도 되지 않는 80억 빚을 누가 감당하고 있을지 가슴
이 먹먹해졌다. 혹시라도 친구에게 그 짐이 지워져 있다면, 나
는 친구 아버지를 많이 원망할 것이다.

50

경
매
현
장
에
참
석
했
다

리첸스 빌라의 3차 경매는 4월 7일에 열렸다. 궁금했지만, 그곳에 가지 않았다. 아니, 갈 수 없었다.

첫 번째 이유는 돈이 없었기 때문이다. 나는 내 집이 낙찰되는 날에도 전세보증금을 갚기 위한 카드론을 갚기 위해 매일 열두 시간씩 일을 해야 했다. 전세사기피해자임을 확인받으면 우선매수권을 부여받고 경매 자금을 대출해주는 구제법이 6월 1일부터 시행되었지만, 내 집은 이 법이 생기기 불과 두 달 전에 낙찰되어 아무 구제를 받을 수 없었다.

두 번째 이유는 여러 사람들이 내 집을 입찰하는 과정을 차마 눈 뜨고 지켜볼 자신이 없었기 때문이다. 내 꿈과 희망이 돈 몇 푼에 팔려가는 모습을 보면 눈물을 멈출 수 없을 것 같기도 했다.

이날, 점심 근무를 마치고 저녁 근무를 준비하는 동안 낙찰이 완료되었다는 소식을 확인했다. 감정평가액은 8,000만 원이 넘었지만 내 전세금 5,800만 원이 녹아 있는 리첸스 1004호는 4,400만 원에 낙찰되었다.

그날 이후 한번쯤은 경매 현장에 가보고 싶었다. 9월의 어느 맑은 날, 피폐해진 정신과 체력이 어느 정도 회복되었을 즈음 수원지방법원 경매 현장을 찾았다. 내 집이 어떤 과정을 거쳐 사라졌는지 두 눈으로 직접 확인하고, 경매가 어떤 방식으로 진행되는지 다른 사람들에게 조금이나마 알려주고 싶었다.

리첸스 빌라 1004호 전세 계약 당시, N 부동산 사장은 나에게 '천안에서는 많아야 1년에 한두 건 정도 집이 경매로 넘어간다'고 말해주었지만 사실과 달랐다. 수많은 경매 사건이 지금 이 순간에도 진행되고 있었다. 서울부터 제주까지 전국의 지방법원과 지원 등 60곳의 경매 현장에서 매달 최소 한 번, 많게는 열 번도 넘게 입찰 경매가 진행되었다. 그리고 하루 동안 입찰되는 집만 매일 수십, 수백 채에 달했다.

수원은 폭풍전야나 다름없었다. 현재 3,000여 세대를 보유한 이른바 '수원 빌라 왕'의 파산으로 경매 사건이 수없이 터지기 직전이었다. 대한민국법원 법원경매정보 사이트에서 확인한 수원지방법원의 2023년 10월 경매 스케줄은 대학교 축제 시즌의 아이돌 행사 스케줄만큼이나 빡빡했다.

저축은행과 대부업체에서 나온 직원들과, 그들이 고용한 사람들이 지방법원 입구에서 대출 전단지와 명함을 나눠주었다. 그들 중 한 명은 마치 구세주 같은 얼굴을 하고 내 눈을 똑바로 쳐다보며 낙찰가의 최대 90퍼센트까지 대출을 해줄 수 있다고 말했다.

대기실에는 경매 학원에서 단체로 견학과 입찰을 견학하러 온 무리도 있었다. 강사는 한 명 한 명을 사장님이라 칭하며 기일입찰표 작성법과 입찰 봉투를 입찰함에 넣는 방법을 자세히 설명해주었다. 좋은 매물이 나오는 날이면 법원 주차장은 물론 법원 앞 상가단지의 모든 주차장이 만차가 된다고 했다.

정의로워 보이는 오각형의 무궁화 법원마크를 배경으로, 오전 열 시에 사건 담당 판사가 종을 치자 입찰이 시작되었다. 입찰은 한 시간 동안 진행되었고, 열한 시에 입찰이 마감됨과 동시에 입찰 발표가 이루어지는 식이었다.

판사는 입찰 발표 직후 이 자리에 전세 사기 피해자가 있는

지 물었다. 이제는 현장에 전세 사기 피해자가 참석하면 해당 집의 경매는 유예가 되거나 우선매수가 보장되는 것 같았다. 혹시 이 글을 읽는 분들 중에 전세 사기 피해자가 계신다면, 그리고 본인이 직접 낙찰을 받으려고 계획 중이라면 직접 입찰하지 말고 반드시 전세피해확인서를 받고 우선매수권을 행사해 최초 낙찰가액으로 낙찰을 받으시길 권한다.

경매 현장에서는 선글라스, 사진 촬영, 대화가 금지되었다. 다행히 울음을 금지한다는 경고는 없었기 때문에, 내 집이 낙찰되었던 4월 7일을 떠올리며 눈시울 정도는 붉힐 수 있었다.

이날의 경매 대상은 집, 토지, 그리고 자동차였다. 사람들은 마치 경마장에라도 온 것처럼 상기된 표정을 짓고 있었다. 흡사 자신이 고른 말의 경기를 기다리는 모습이었다. 그러다 자신이 입찰한 물건이 호명되면 설레는 표정으로 단상 앞에 모였다. 그곳에 나란히 서서 입찰 상황을 살펴보고, 가장 높은 금액으로 입찰해 낙찰된 사람은 판사 앞에 나아가 서류와 신분증, 도장을 등록했다. 입찰에 실패한 사람들은 탄식하며 아쉬움을 감추지 않았다. 한 중년 여성은 자신의 입찰가가 호명되자 마치 연말 시상식에서 주연상을 수상한 배우처럼 뛸 듯이 기뻐하며 두 손으로 얼굴을 감싼 채 판사님 앞에 나아가 연신 감사하다고 고개를 숙였다.

경매 참여자들은 대한민국 법의 테두리 내에서 정당하게 재테크를 하는 사람들일 뿐이다. 건물주나 N 부동산 사장처럼 사기꾼이 아니다. 하지만, 내 집이 이런 방식으로 낙찰되었고 얼마 뒤 내가 쫓겨났던 기억을 떠올리니, 얼마 전 이스라엘의 팔레스타인 폭격 당시 그 모습을 산 전망대에 올라가서 구경하던 사람들이 떠올랐다. 만약 내 집이 낙찰되는 현장에 내가 있었다면 산 전망대에서 나와 내 가족과 내 나라가 폭격당하는 모습을 지켜보는 팔레스타인 시민이 된 심정이지 않았을까. 폭격을 '구경'하는 이스라엘 사람들은 폭격을 '당하는' 팔레스타인 사람들의 심정을 한 번이라도 헤아려봤을까.

판사가 종을 치자 모든 경매가 종료되었다. 판사는 낙찰자가 아닌데 왜 남아 있느냐며 참가자들에게 밖으로 나가라고 했다. 법원을 빠져나와 수원지방법원 앞 호수공원을 걸었다. 그날은 볕이 참 좋았다.

51

미련함의 다른 말은 간절함이다

조종사를 꿈이 아닌 현실로 만들겠다고 결심했을 때부터 자동차, 연애, 결혼을 포기했다. 하지만 전세 사기를 당한 지금도 인간의 존엄성을 포기할지언정 꿈을 포기할 생각은 없다.

어린 시절부터 올려다보기만 했던 조종사의 꿈이 회사를 다닐 때는 금방 손에 잡힐 듯했다. 하지만 아무리 손을 뻗어도 잡히는 건 구름뿐이었다. 힘들게 모은 돈이 한순간에 사라지고 매일 죽고 싶다고 생각할 때조차, 정말 내가 세상을 떠난다면 죽기 전에 못 먹어본 음식보다 한번 제대로 시도해보지도 못한 꿈이 더 많이 생각날 것 같았다.

2011년 12월 31일, 나는 인천공항에 있었다. 목적지는 호주 브리즈번. 워킹홀리데이를 통해 온 세상을 가슴에 품고 싶었다.

내 목표는 두 가지였다. 첫째, 황금빛 해변을 자랑하는 휴양지 골드코스트에 정착해 일을 구하고, 서퍼들의 천국이라는 서퍼스 파라다이스에서 서핑 배우기. 둘째, 시골 오지에서 농장일을 배우며 문명에서 멀어지기.

말이 좋아 워킹홀리데이지, 영어도 못하고 숙소도 핸드폰도 없는 상태에서 스스로 일을 구해 외국인 노동자로 살아가야 하는 냉혹한 시간이었다. 가진 건 단돈 80만 원이 전부였다. 브리즈번 공항에서 나는 철저하게 혼자였지만 그래도 무섭지 않았다.

2015년에는 애니메이션 〈언어의 정원〉에 꽂혀 일본으로 워킹홀리데이를 떠났다. 이 작품을 보고 나서 비가 오는 날이면 근처 공원에서 맥주와 초콜릿을 먹다가, 일본으로 가야겠다고 결심했다.

2021년 9월, 비행기 오픈티켓의 유효기간을 넘기지 않으려고 스위스로 향했다. 투르크메니스탄의 상공을 지나는데 저 멀리 지상에서 불빛이 반짝이고 있었다. 이 나라 사람들은 무슨 일을 하며 살고 있을까? 자신들의 삶에 만족할까? 인생 목표는 무엇일까? 문득 다음 생이 있다면 투르크메니스탄에서 태어나고 싶다는 생각을 했다.

스위스에서는 6일 동안 산속을 누비며 77킬로미터를 걸었다. 한국에서는 경험하기 힘든 자연을 감상하며 드넓은 세상을 상상했다. 하염없이 걷다 보니 내가 왜 지금 이 길을 걷고 있는지, 이 길의 끝에는 무엇이 있을지 궁금해졌다.

20대 초반부터 해외여행과 워킹홀리데이를 하면서 인생과 여행과 등산이 매우 비슷하다는 생각을 자주 했다. 살다 보면 이 길로 가는 게 과연 맞을지 의심스러울 때가 있다. 그때마다 내린 나의 결론은 남들이 가지 않는 길을 가자는 것이었다. 일단 목표를 정했으면 끝까지 가는 거다.

비행기는 내 꿈을 싣고 세계 곳곳으로 데려다주었다. 남들이 뭐라 해도 포기하고 싶지 않은 꿈을 간직한 사람들을, 나도 세계 곳곳에 데려다주고 싶다. 그래서 조종사를 포기할 수 없다. 시력 때문에 조종사의 꿈을 잠시 단념했던 적이 있다. 그때에 비하면 지금은 꿈을 이룰 확률이 최소 1퍼센트 이상은 된다. 0퍼센트와 1퍼센트의 차이는 엄청나다. 지금 나는 한때는 불가능하다고 믿었던 꿈을 실현하기 위해 어떤 희생도 치를 각오가 되어 있다.

내가 전세 사기 피해를 완전히 극복하는 순간은 돈을 온전히 돌려받는 날이 아니라, 조종사 훈련을 시작하는 첫날일 것이다. 이 책도 그때 비로소 완성될 것이다. 아직 꿈을 포기하지 않을 수 있음에 감사한다. 나는 절대 포기하지 않을 것이다.

마무리하며

✕

1리터의 눈물을 쏟게 만든 천안 전셋집을 떠나 용인 본가로 이사한 후로는 더 이상 울 일이 생기지 않았다. 영양제 삼키듯 매일 한 번 이상 먹었던 라면을 멀리하고 부모님이 차려주신 밥을 먹으니 혈색이 돌아오고 눈빛도 살아났다. 지옥에서 드디어 탈출한 기분이었다.

추석 즈음 원고 작업을 마무리했다. 부모님 집에 놀러 온 어린 조카들에게, 너희는 커서 절대 전세를 얻지 말라고 말해주었다.

중학생 때 교과서를 통해 조세희 작가님의 《난장이가 쏘아 올린 작은 공》을 접하고 큰 충격을 받았다. 혹시 우리 가족에게도 이런 일이 생기면 어쩌나 불안해하던 나와 친구들에게, 선생님께서는 걱정하지 않아도 된다고 말씀해주셨다. 이 이야기는 도시 재개발 붐이 일었던 1970년대를 배경으로 한 문학 작품일 뿐이며, 오히려 재개발은 '부동산 로또'라고도 하셨다.

1970년대에 존재했던 난장이와 같은 사람들이 2023년에는 없다고 말할 수 있을지 잘 모르겠다. 그때와 같은 악법은 사라졌을지 몰라도, 임대차 3법의 사각지대에서 배제되고 밀려나는 평범한 사람들이 여전히 많다. 조카들이 내 책을 읽을 수 있을 만큼 자랐을 때는 전세법이 제대로 개정되어, 어떤 전세든 안심하고 계약해도 된다고 말해줄 수 있기를 고대한다.

대단할 것 없는 내 사연을 담은 이 책이, 자그마한 일렁임 정도의 영향이라도 미칠 수 있을지는 잘 모르겠다. 다만, 더 이상 나 같은 피해자가 발행하지 않도록 전세법을 개정하는 데 이 책이 아주 작은 목소리를 보탤 수 있다면, 그것만으로도 충분히 만족할 것이다.

남은 인생을 살아가는 동안, 내가 또다시 전셋집을 구하는 일은 결단코 없을 것이다. 하지만 내 인생에 더 이상 전세라는 단어가 존재하지 않는 것과 별개로, 전세 때문에 얼룩진 수많은 기억을 내 머릿속에서 완전히 지울 수는 없을 것이다. 또한 전세 사기 피해자 집회 참여, 건물주를 상대로 진행하는 형사 소송, 공인중개사협회를 대상으로 진행할 중개 사고에 따른 손해 배상 청구에 힘을 보낼 것이다. 여기서 그치지 않고 누군가에게 도움이 된다면 언제든지 전세 제도에 대한 내 생각과 입장을 외칠 생각이다. 원양상선 위에서도, 조종사 훈련을 하고 있을 때도 누구든지 나를 기억하고 불러준다면 적극적으로 내 목소리를 낼 것이다.

평범한 1991년생 청년의 일기가 한 권의 책이 되어 세상에 선보일 수 있게 해준 세종서적과 이다희 편집팀장님께 무한한 감사를 드린다. 힘들 때마다 전화를 해서 하소연을 해도 차단하지 않고 나를 위로해준 방제천과 익산의 야근 괴물 덕에 극단적 생각을 뿌리칠 수 있었다. 부족한 글에 추천사를 써주신 장강명 작가님께 진심으로 감사드린다. 가족에게, 특히 어머니에게 사랑한다고 말하고 싶다.

전세 사기 피해자가 되지 않는
열 가지 원칙

1. 전세 계약을 하지 않는다

2. 주변 건물들의 매매가와 전세가를 확인해 깡통전세가 아닌지 확인한다

3. 임대차표준계약서를 작성하고 잔금일 이전에 전입신고를 한다

4. 근저당권, 전세권 등 선순위 보증금 및 채권을 확인해 집주인의 부채 규모를 파악한다

5. 임대인의 세금 체납 여부를 확인한다

6. 전세보증금반환보증보험에 가입한다

7. 한 건물주가 건물 전체를 소유한 다세대주택은 피한다

8. 등기부등본과 건축물대장을 확인한다

9. 집주인과 공인중개사를 믿지 않는다

10. 그래도 전세 계약을 하지 않는다

전세지옥

초판 1쇄 인쇄 2023년 10월 15일
초판 1쇄 발행 2023년 10월 25일

지은이 최지수
펴낸이 오세인 | **펴낸곳** 세종서적(주)

주간 정소연 | **기획·편집** 이다희
표지 디자인 유어텍스트 | **본문 디자인** 김미령
마케팅 임종호 | **경영지원** 홍성우
인쇄 천광인쇄 | **종이** 화인페이퍼

출판등록   1992년 3월 4일 제4-172호
주소   서울시 광진구 천호대로132길 15, 세종 SMS 빌딩 3층
전화   경영지원 (02)778-4179, 마케팅 (02)775-7011
팩스   (02)776-4013
홈페이지   www.sejongbooks.co.kr
네이버포스트 post.naver.com/sejongbooks
페이스북   www.facebook.com/sejongbooks
원고모집   sejong.edit@gmail.com

ISBN 978-89-8407-822-2   (03300)